Albert Erbstein

Der Münzfund von Trebitz bei Wittenberg

Ein Beitrag zur Geschichte des deutschen Münzwesens im 12. und 13. Jahrhundert

Albert Erbstein

Der Münzfund von Trebitz bei Wittenberg
Ein Beitrag zur Geschichte des deutschen Münzwesens im 12. und 13. Jahrhundert

ISBN/EAN: 9783743627413

Hergestellt in Europa, USA, Kanada, Australien, Japan

Cover: Foto ©ninafisch / pixelio.de

Weitere Bücher finden Sie auf **www.hansebooks.com**

Der Münzfund von Trebitz bei Wittenberg.

Ein Beitrag

zur Geschichte des deutschen Münzwesens im 12. und 13. Jahrhundert

von

Dr. jur. H. A. Erbstein,

Conservator der Kunst- und Alterthumssammlungen des germanischen Nationalmuseums.

Mit 4 Kupfertafeln.

Nürnberg, 1865.

J. A. Stein's Buchhandlung (Ad. Köllner).

Zu Trebitz, einem Pfarrdorfe an der Strasse von Wittenberg nach Torgau, 3 Stunden südöstlich von ersterem, 1 Stunde von Pretzsch und der Elbe entfernt, wurde im Anfange des Jahres 1863 beim Umgraben eines Gartens ein irdener Topf entdeckt, der eine bedeutende Anzahl Bracteaten enthielt. Leider theilte dieser für die Münzkunde des Mittelalters höchst wichtige, ja unschätzbare Fund das Schicksal so vieler anderer: er wurde in die verschiedensten Gegenden zerstreut, so dass es nicht vergönnt war, ihn in seiner Gesammtheit zu mustern, es vielmehr weitläufiger Nachforschungen und vieler Mühe bedurfte, denselben in so weit wieder zusammenzubringen, dass eine umfassendere wissenschaftliche Bearbeitung desselben möglich wurde. Nach Allem nun aber, was wir im Wege der Correspondenz, durch persönliche Einsichtnahme der mit grösseren oder kleineren Partieen des Fundes bereicherten Sammlungen u. s. w. bisher in Erfahrung bringen konnten, sind wir der Ueberzeugung, nunmehr ein vollständiges Bild des gesammten Fundes geben zu können, wenigstens ist uns nicht bekannt geworden, dass Trebitzer Bracteaten in Hände gekommen wären, die uns in unserem Streben, den Fund mindestens in Abbildungen wieder zu vereinigen, nicht in der bereitwilligsten Weise unterstützt hätten. Diesem Vorhaben besonders förderlich war allerdings der Umstand, dass die Zersplitterung des Fundes, allem Anscheine nach, nicht schon am Fundorte selbst, sondern erst in Wittenberg erfolgte, und zwar meist in grösseren Partieen, was um so mehr für einen glücklichen Umstand zu halten ist, als in Folge hiervon Zweifel darüber, ob das eine oder das andere der nachfolgend besprochenen Stücke wirklich auch dem Trebitzer Funde zu danken seien, nicht auftauchen konnten. Nur hinsichtlich eines einzigen Stückes, eines bisher noch unbekannten Bracteaten Burkhard's von Mansfeld (mit dem stehenden Grafen), der von Halle a. S. aus ungefähr zu derselben Zeit, wie die Trebitzer Bracteaten, der Sammlung des Staatsarchivars Erbstein in Dresden zuging, sind wir, da über Herkunft dieses Pfennigs nichts Gewisses zu ermitteln war, in Zweifel, ob er ebenfalls aus besagtem Funde herrührt oder nicht. Deshalb haben wir bei diesem Stücke, obwohl die Zeit seiner Ausprägung mit der der Trebitzer Bracteaten zusammenfällt, Umgang genommen, es hier mit aufzunehmen, seine Veröffentlichung späterer Zeit überlassend.

Ein Referat über einen, als Geschenk des Herrn Justizraths Rostoski zu Wittenberg in den Besitz des germanischen Nationalmuseums gelangten Theil des Fundes gaben wir in Nr. 3, 4 und 5 des Anzeigers für Kunde der deutschen Vorzeit, Jahrg. 1863, doch lagen uns damals nur

21 verschiedene Gepräge vor. In der Numismatischen Zeitung, Jahrg. 1863, folgte sodann ein Bericht des Herrn Pastors Leitzmann, in welchem aus einer Partie von 100 und einigen Stücken 19 Stempelverschiedenheiten zusammengestellt sich finden. Die meisten Stücke des Fundes aber gelangten nach Berlin und nach Dresden, dort in das Cabinet des Herrn Stadtgerichtsraths Dannenberg, hier in die Erbstein'sche Sammlung. Eine Reise nach Wittenberg setzte uns in den Stand, für letztere von den daselbst in dieser und jener Hand noch verbliebenen Stücken diejenigen zu erlangen, die sich unter den früher erworbenen noch nicht befanden, sowie auch Einsicht von den, allerdings nur wenigen, der Sammlung des dortigen Vereins für Heimathskunde einverleibten Nummern zu nehmen.

Wie schon oben angedeutet, haben wir bei unserem Vorhaben von vielen Seiten der freundlichsten Förderung uns zu erfreuen gehabt; dem freudigsten Danke hierfür in diesen einleitenden Worten nochmals Ausdruck zu geben, ist eine ebenso angenehme, als dringende Pflicht. Zunächst sind wir dem Herrn Stadtgerichtsrath H. Dannenberg in Berlin in hohem Grade verbunden, ohne dessen rege Unterstützung es schon um deswillen unmöglich gewesen wäre, unsere Zusammenstellung zu ihrer dermaligen Vollständigkeit zu bringen, als mehrere von den nur in einem Exemplare vorgefundenen Münzen in den Besitz des Genannten gelangt waren: in bereitwilligster Weise übersandte er uns diejenigen Gepräge, die uns noch fehlten, um sie in Abbildungen unserer Arbeit beifügen zu können. Ferner dürfen wir nicht unterlassen, der grossen Gefälligkeit und Freundlichkeit der Herren Justizrath Rostoski, Senator Bilzing und Kaufmann Arnold in Wittenberg zu gedenken, die uns bei unsern dort angestellten Nachforschungen in aller nur möglichen Hinsicht fördernd zur Seite standen.

In äusserst bereitwilliger und zuvorkommendster Weise wurde von den Vorständen der königlichen Münzcabinete zu Berlin und zu Dresden, sowie des herzoglichen Cabinets zu Dessau, ferner von mehreren Mitgliedern des Vereins für Heimathskunde des Kurkreises zu Wittenberg unseren Wünschen und Anliegen entsprochen.

Eine ganz wesentliche Förderung wurde weiter der Arbeit dadurch zu Theil, dass Herr Rudolf Benno von Römer auf Neumark etc. sich freundlichst erbot, die Herstellungskosten der unserem Texte beizugebenden Stahlstiche zu übernehmen, eine Beihülfe, der wir mit aufrichtigstem Danke hier zu gedenken uns um so mehr verpflichtet fühlen, als gerade durch Beigabe der Abbildungen dem Schriftchen eine dauernde Benutzung von Seite der Münzfreunde gesichert worden sein dürfte. Bei dem ziemlich beschränkten Abnehmerkreise für Arbeiten, wie die vorliegende, zwingt der nicht unerhebliche Kostenpunkt leider nur zu oft die Herausgeber, mit den beizugebenden Tafeln möglichst sparsam zu sein und hinsichtlich der Abbildungen auf die wichtigsten Stücke sich zu beschränken; die Wissenschaft muss es also dankbar erkennen, wenn ihr von ihren Freunden und Pflegern Opfer gebracht werden, die derartige Rücksichtnahmen beseitigen. Wie wichtig und nutzbringend es aber ist, bei Publicationen von Funden an Mittelaltermünzen durch vollständige bildliche Darstellung einem Jeden die Möglichkeit zu verschaffen, nicht nur über etwaige zweifelhafte Punkte sich selbst ein Urtheil bilden, sondern auch schnell und sicher den Gesammtbestand des Fundes überblicken und die einzelnen Bestandtheile desselben unter einander vergleichen zu können, bedarf nicht erst der Auseinandersetzung.

Abgesehen von blossen geringen Stempelverschiedenheiten (Nr. 2, 23, 42, 46, 54, 57, 59, 76, 79) und von zwei allgemein bekannten und in guten Abbildungen bereits vorhandenen Stücken (Nr. 87 und 88) geben die angefügten 4 Tafeln fast sämmtliche Varietäten des Fundes; denn nur hinsichtlich dreier Nummern (Nr. 73, 80 und 83) mussten wir auf bildliche Darstellung verzichten, da uns die Originale beim Fertigen der Zeichnungen noch nicht zur Hand waren, doch ist ein der ersten Nummer ganz ähnliches Stück bereits in den Mémoires etc. de St. Pétersbourg abgebildet und unsere Nr. 83 in einer, allerdings nicht ganz gelungenen Zeichnung in der Numismatischen Zeitung vorhanden.

Was nun die Abbildungen selbst anlangt, so haben wir die Zeichnungen eigenhändig mit grösster Gewissenhaftigkeit nach den Originalen ausgeführt, nur Nr. 66 ist nach einer von Herrn Dannenberg uns gütigst mitgetheilten Zeichnung gestochen worden. Die Uebertragung auf Stahl geschah von dem durch seine übrigen artistischen Arbeiten rühmlichst bekannten Kupferstecher Petersen in Nürnberg, der, obgleich die vorliegende seine erste derartige Arbeit ist, seine Aufgabe gewiss zur Zufriedenheit der Münzkenner ausgeführt hat, sollte auch die erste Tafel hinsichtlich der Durchführung den andern etwas nachstehen.

Leider waren wir, was im Interesse der Uebersichtlichkeit gern vermieden worden wäre, genöthigt, eine Nachtragstafel anzubringen, indem uns das Material zu der 4. Platte erst in Folge unserer Reise nach Wittenberg zuging, während die übrigen 3 Tafeln bereits zu Anfange des Jahres 1864 vollendet waren. Auf ihr liessen wir die Nummern denen der ersten Tafeln sich anschliessen; in der Beschreibung dagegen wurden die einzelnen Stücke an passender Stelle eingereiht. Eine angefügte Tabelle, die sämmtliche Nummern umfasst, erleichtert das Auffinden der Münzen im Texte.

Bei der Beschreibung der einzelnen Münzen ist die Grösse nach Millimetern und die Schwere in französischem Grammengewicht zugesetzt. Da sämmtliche uns vorgelegene, wohl erhaltene Stücke einzeln gewogen worden sind, so konnte bei jeder Sorte, wo mehrere Exemplare vorlagen, neben dem Durchschnittsgewichte der bezeichneten Anzahl auch das Gewicht des leichtesten und des schwersten Pfennigs gegeben werden. Hiermit ist auch ein Anhalt für die Stückzahl geboten, die, obgleich sie gegenüber dem Funde im Ganzen unvollständig, doch nicht ganz ohne Werth für die Zusammensetzung desselben sein dürfte.

Mehrfache Unterbrechungen im Vereine mit den mancherlei Schwierigkeiten, aus dem zerstreuten Materiale sich die Ueberzeugung zu verschaffen, nichts unbemerkt gelassen oder übersehen zu haben, verursachten, dass das Resultat unserer Untersuchungen etwas später hervortritt, als wir wünschten. Möge unsere Arbeit nachsichtige Beurtheilung finden!

Der Trebitzer Fund enthielt, abgesehen von Morizpfennigen, die ungefähr die Hälfte seiner Stückzahl ausgemacht haben mögen, zum grössten Theile, wie es schon der Fundort erwarten lässt, herzoglich sächsische Bracteaten und zwar überwiegend Münzen Bernhard's von Aschersleben, ersten Herzogs zu Sachsen aus askanischem Stamme, dem jüngsten Sohne Markgraf Albrecht's des Bären, während sich von seinem Sohne und Nachfolger Albrecht I. (seit 1212) nur wenige Stücke vorfanden. Anderer weltlicher und geistlicher Herren Gepräge waren nur vereinzelt anzutreffen, darunter durch ihre Umschrift sprechend 1) ein Bracteat Otto's von Braunschweig aus der Zeit vor seiner Krönung (—1209), 2) ein Bracteat Hermann's von Thüringen (1192—1215) und 3) 2 Bracteaten Heribert's I. von Helmstädt (1183—99). Die Vergrabung des Schatzes fällt in die Zeit Herzog Albrecht's von Sachsen und zwar, da die Münzen seines Vaters bei weitem am zahlreichsten vertreten sind, in seine ersten Regierungsjahre. Der Zeit nach umfasst unser Fund die letzten Jahre des 12. und ungefähr die ersten 15 Jahre des 13. Jhdts., also einen Zeitraum von vielleicht 20—25 Jahren.

Die Münzen Herzog Bernhard's, die uns gegenwärtiger Fund vorführt, stammen alle aus der 2. Hälfte seiner Regierungszeit und schliessen sich in Anbetracht der Ausprägungszeit höchst wahrscheinlich an diejenigen an, die der im August des Jahres 1859 zu Leipzig auftauchende bedeutende Bracteatenfund zum Vorschein brachte, welcher durch Herrn Stadtgerichtsrath Dannenberg in der Zeitschrift für Münz-, Siegel- und Wappenkunde, neue Folge, eine tüchtige Bearbeitung gefunden hat. Kein einziges Gepräge enthielt unser Fund, das sich in jenem bereits vorgefunden hätte. Beide Funde zusammengenommen geben uns schon eine so reiche Reihenfolge von Bracteaten dieses Sachsenherzogs, wie wir eine solche bisher wohl von keinem, selbst der mächtigsten Fürsten jener Zeit aufzustellen vermochten. Ein Verzeichniss der vor der Aufdeckung dieser Hauptfunde bekannten sicheren Münzen Herzog Bernhard's wurde in der Numismatischen Zeitung, Jahrgang 1850, gegeben. Einzelne nicht zu unserem Funde gehörige, aber bisher noch nicht publicirte Münzen Bernhard's haben wir in gegenwärtiger Abhandlung an geeigneten Stellen, so weit sich dazu Gelegenheit bot, kurz berührt (auch eine unter Nr. 75 in Abbildung beigegeben), was für eine künftige Bearbeitung oder Zusammenstellung der Münzen jenes Herzogs, die sich durch weitere Funde vielleicht noch sehr mehren werden, förderlich werden könnte.

Indem wir uns nun zu den Münzen selbst wenden, bemerken wir noch, dass wir bei der Zusammenstellung der Gepräge, da eine chronologische Ordnung derselben doch nur annähernd würde zu erreichen gewesen sein, mehr davon ausgegangen sind, durch Bild oder Fabrik verwandte Stücke zu vereinen und sie für die Besprechung möglichst passend an einander zu reihen.

I.
Herzogthum Sachsen.

Bernhard, 1180—1212.

Albrecht, 1212—1260.

Unter den Münzen Herzog Bernhard's, die der Trebitzer Fund bietet, zeichnen sich zwei Sorten aus, die trotz ihrer verschiedenen Bilder schon auf den ersten Blick eine solche Verwandtschaft verrathen, dass sie sich nicht wohl trennen lassen; es sind dies die zum ersten Male auftauchenden Schriftbracteaten mit dem Profilkopfe und dem Löwen. Neben ihrer gleichen Grösse und dem zierlichen Stempelschnitt fällt besonders die völlig übereinstimmende Anordnung des Ganzen sofort in die Augen: der kleine, von einem Kreise eingefasste Raum für das Bild, die ziemlich gleichlautende, das letztere rings umschliessende Umschrift und sodann die, die übrige Fläche ausfüllenden drei Kreise. Beide Gepräge bildeten Haupttheile des Fundes, so dass wir, da dieser, wie oben schon dargethan, kurz nach Bernhard's Tode der Erde übergeben worden sein muss, wohl mit einiger Bestimmtheit annehmen können, hier Münzen aus den letzten Jahren der Regierung Herzog Bernhard's vor uns zu haben.

Betrachten wir nun zunächst die Sorte mit dem Kopfe des Herzogs.

Nr. 1. Innerhalb eines aufgetriebenen Kreises, der nach innen zu mit einer feinen, aus zusammenhängenden Halbbogen gebildeten Einfassung verziert ist, der unbedeckte Kopf des Herzogs von der linken Seite mit langen, hinter das Ohr zurückgestrichenen Haaren. Der blosse Hals wird von einem Streifen Gewandes begrenzt. Ausserhalb des Kreises die oben beginnende Umschrift: + BERDARDVS . DVX . V . welche von 3 hohen Kreisen umschlossen wird, von denen der innerste aus feinen Ringeln besteht, die beiden äusseren aber aus dicht neben einander gestellten Perlen. Der Rand ist glatt.

Grösse: 26—28. Anz. f. Kunde d. d. Vorzeit, 1863. Sp. 92. Nr. 1.
Gewicht: 0,73—0,9. Numismat. Zeitung, 1863. Sp. 107. Nr. 1.
Durchschnittsgewicht von 16 Stücken: 0,81.

Nr. 2. Ein zweiter Stempel, der in nur wenigen Exemplaren sich vorfand, hat statt des aus Ringlein bestehenden, die Umschrift zunächst umgebenden Kreises ebenfalls einen Perlenrand, unterscheidet sich auch von vorigem durch etwas veränderte Stellung der einzelnen Buchstaben zum

Kopfe, wie denn z. B. das V in Dvx dem Munde des Herzogs genau gegenübersteht. Das Gewand bildet vorn keine Schneppe, sondern umgiebt abgerundet den Hals.

Höchst interessant sind diese Stücke wegen des Profilkopfes; denn ist auch schon an und für sich auf Bracteaten dieser oder früherer Zeit Seitwärtsstellung des Gesichtes nur hin und wieder anzutreffen, worauf hinzuweisen bereits Dannenberg in den Mémoires de la soc. imp. etc. (par Köhne) einmal Gelegenheit nahm, so ist doch eine Darstellung, wie sie uns auf vorstehenden Bracteaten begegnet, — ein Kopf allein auf Bracteaten von grossem Umfange — fast einzig: es könnten unseren Stücken etwa nur die 2 bekannten, einander ziemlich gleichen, halberstädter Bracteaten mit dem Profilkopfe des heiligen Stephan (Leukfeld, Taf. V. Nr. 71 und 72) an die Seite gestellt werden, die Leukfeld zwar in eine etwas spätere Zeit (Ludolf) versetzt, die aber vielleicht gleichzeitig mit obigen Bernhardsmünzen in Circulation waren. — Zudem ist die Ausführung äusserst sorgfältig und zierlich. Wenn es nun auch nicht zulässig ist, trotz der scheinbaren Individualisirung des Kopfes, Aehnlichkeit im Gesichtsausdruck anzunehmen, da wirkliche Porträts in jener Zeit nicht gegeben wurden, so dürfte man doch berechtigt sein, wenigstens in der Haartracht einen Anhaltspunkt für Bernhard's Erscheinung im Leben zu finden und diese als naturgetreu zu bezeichnen, um so mehr, als wir dem Herzog auf den meisten seiner aus gegenwärtigem Funde stammenden Münzen in gleicher Weise wieder begegnen.

Jedenfalls verräth ein guter, in's Einzelne ausgearbeiteter Profilkopf auf Bracteaten einen sehr geschickten Stempelschneider; denn gewiss war es bei dem damaligen Stande der Kunst schwieriger, einen solchen im Hochrelief herzustellen, als einen Kopf von vorn in der sehr einfachen Weise, wie Köpfe gewöhnlich auf Bracteaten erscheinen; selbst auf Reiterbracteaten wird jedenfalls nur der leichteren und bequemeren Darstellbarkeit wegen der nach rechts oder links Reitende beinahe durchgehends mit vollem Gesicht vorgeführt; nur ein Paar Bracteaten Landgraf Ludwig's von Thüringen (Köhne's Zeitschr. Bd. 6. Taf. VII. 7. und Numism. Zeitung, Jahrg. 1848. Sp. 81. Nr. 2.), einen Otto's I. von Brandenburg (Mader, II. Versuch, IV. Nr. 60), einen schwäbischer Fabrik v. 13. Jhdt. (Numism. Zeitung, 1861. Sp. 76. Nr. 29), und einen kleinen askanisch-brandenburgischen aus dem 13. Jhdt. von schlechter Arbeit (Mader, a. a. O. Nr. 68) können wir augenblicklich als solche namhaft machen, auf denen der Reiter ganz von der Seite erscheint. Auf zweiseitigen Denaren dagegen, deren Bilder nicht so erhaben hervortreten, kommen Reiter im Profile öfter vor[1]), wie denn auch Siegel, bei denen weder Beschränktheit des Raumes, noch der Hinblick auf kurze Dauer auf die Art und Weise der Ausführung bestimmend wirkten, vor dem 13. Jhdt. die Köpfe der Reiter mit wenigen Ausnahmen von der Seite präsentiren, während erst späterhin meist die Beschaffenheit des Helmkleinodes hier eine Wendung des Kopfes zweckmässig erscheinen liess — Thatsachen, die gegen die Annahme sprechen, als seien Vorderansichten in jenen Jahrhun-

---

[1]) Wir erinnern nur an böhmische (Popsání i vyobrazení českých minci in Pamatky III. Taf. XIII. 9., IV. Taf. XXI. 37—39 etc., Lelewel, Bohême Nr. 10. 14. 18), polnische (Stroncz. typ. 14; Mikocki, Verzeichniss Nr. 17 ff.), englische (Ruding, Annals of the coinage of Great Britain, Plate I. Nr. 20), fränkische (Cappe, Kaisermünzen I. Taf. X. Nr. 158, 159. Taf. XIX, 317), goslarische (Cappe, Goslar. V. 49. 50) und brandenburgische Reiterdenare (Köhne's Zeitschrift I. Taf. III. Nr. 11, Weidhas I. 11, II. 11 u. 12).

derten stereotyp gewesen. — Besonders nun macht unsere Profildarstellung deshalb einen guten Eindruck, weil der Kopf allein erscheint und das Bild sonach nicht an jener Unbeholfenheit leidet, welche die meisten Profildarstellungen jener Zeit zur Schau tragen, nämlich der, dass die Stellung des Körpers nicht der Haltung des Kopfes entspricht. Als an Stelle der früherhin üblichen Köpfe und Brustbilder ganze Figuren traten, musste sich, ganz abgesehen von den byzantinischen Vorbildern, eine Voderansicht von selbst als passend ergeben [2]), und gerade die Schwierigkeit zu einem seitwärts gewendeten Kopfe auch die gehörige, ungezwungene Stellung des Körpers zu treffen — eine Schwierigkeit, die Vorderansichten nicht mit sich brachten — mochte die Künstler selbst bei Gruppirungen mehrerer Gestalten, wo Seitenansichten recht gut sich hätten anbringen lassen, bestimmen, die Figuren, wenn auch nicht immer ganz von vorn, so doch meist im Dreiviertelprofile zu geben. Bei blossen Köpfen war man durch derartige Rücksichten nicht gehemmt, in Folge dessen erscheinen denn auch hier Profildarstellungen bei weitem zahlreicher; wir brauchen ja nur polnische, schlesische und ganz besonders schweizerische Bracteaten, theilweise allerdings erst späterer Zeit, uns zu vergegenwärtigen.

Werfen wir einen Blick auf den Entwickelungsgang der Darstellungsweise menschlicher Bildnisse auf Münzen des Mittelalters überhaupt, so finden wir im Anfange ein Anschliessen an die herabgekommene römische Zeichnung, ein Nachahmen des römischen Profilkopfes, und zwar meist in einfachster Weise mit Hülfe blosser Contouren. Diese Manier verbreitete sich in Folge gegenseitigen Nachahmens über fast alle Gegenden des Occidents, so dass gegenüber diesem allgemeinen Gebrauche Vorderansichten vor dem Beginne des 11. Jhdts. zu den Seltenheiten zählen. Erst im 11. Jhdt. beginnt sich mehr und mehr das byzantinische Vorbild Eingang zu verschaffen, das etwa seit der Mitte des Jahrhunderts die Oberhand gewinnt und von den Brustbildern allmälig zu ganzen Figuren überführt. So lassen sich, betrachten wir z. B. die Denare unserer Kaiser und Könige, seit Karl dem Grossen bis zu Heinrich II. Köpfe im Profil als Regel hinstellen, unter Konrad II. und Heinrich III. erscheint schon häufiger ein volles Gesicht, wenn auch der Profilkopf im Ganzen noch vorherrscht, dagegen gewinnt unter des Letzteren Nachfolger, Heinrich IV.[1] die Darstellung en face sichtlich den Vorzug und erhält sich, weiter ausgebildet, im Laufe der folgenden Jahrhunderte, ohne aber selbstverständlich die Profildarstellung ganz zu verdrängen, weshalb man mitunter zu ganz falschen Resultaten gelangen würde, wollte man annehmen, dass im Zweifel der Profilkopf für eine ältere Zeit spreche, als die vorwärtsgekehrten Brustbilder. Den König sitzend abzubilden wurde auf Münzen erst unter den Hohenstaufen gebräuchlich, und wenn wir schon Burgundische und Duisburger Denare Heinrich's III. mit dem Siegelbilde antreffen (Mémoires III. Taf. XVI zu IV. S. 99, Cappe, K. M. I. Taf. XIX. Nr. 310), so ist dies eben eine aussergewöhnliche Erscheinung. — Zu ganz ähnlichem Resultate gelangen wir mit Hülfe der Münzen geistlicher Herrn, indem auf diesen erst ziemlich

---

[2]) Eduard der Bekenner von England (1046—66) erscheint auf einem Denare thronend, von vorn, das Haupt nach links gewendet — ein seltenes Beispiel! (Lelewel, Pl. XI. Nr. 12, Mémoires etc. de St. Pétersbourg III. Taf. XVII. Nr. 7 zu IV. S. 215, Ruding, Annals, Pl. 24. Nr. 13, 14, Pl. 25, Nr. 15 u. 16, Pl. 28. Nr. 2, 3. Hildebrandt, monnaies anglosax. Taf. 10. Typ. G u. H.)

ein Jahrhundert nach dem Aufkommen von Profilköpfen, gegen 1050, zahlreichere Beispiele für Köpfe von vorn zu finden sind. Doch zeigt sich auch bei ihnen, wie wenig sich allgemein anwendbare Grundsätze bezüglich der Gesichtsstellung geben lassen, indem manchen noch lange Zeit hindurch der Profilkopf eigen ist, andere mit beiden Darstellungsweisen wechseln u. s. w. — Der oben skizzirte Entwickelungsgang lässt sich auch in den Siegelbildern der Kaiser und Könige verfolgen, wenn auch bei diesen die einzelnen Perioden etwas eher eintreten und sich schärfer abgrenzen, als dies bei den Münzen der Fall ist. Seit Karl dem Grossen bis Otto I. zeigen die Gemmen und Siegel Brustbilder im Profil, mit Otto I. kommt daneben die Darstellung des Königs en face auf, die sich unter Otto II. und III. erhält und seit Otto III. zur vorwärtsgekehrten ganzen Figur überführt, während sich sodann seit Heinrich II. die Vorstellung des sitzenden Königs einbürgert. Die böhmischen Münzen, an deren Typen sich unter andern recht deutlich das Ueberkommen der byzantinischen Vorbilder verfolgen lässt, bringen, nachdem sie im 10. Jhdt. ebenfalls den weit verbreiteten Profilkopf geführt hatten, mit dem Uebergange zum 11. Jhdt. vorwärtsgekehrte Christusköpfe und mit Beginn des neuen Jahrtausends neben völligen Copieen byzantinischer Vorstellungen auch andere Brustbilder öfter von vorn; ausserdem kommen in Böhmen schon in der ersten Hälfte des 11. Jhdts., wenn auch vereinzelt, thronende Figuren auf; doch erhält sich nebenbei immerhin der Profilkopf, so dass die Typen ein buntes Gemisch und Nebeneinandergehen beider Darstellungsweisen zeigen.

Im Allgemeinen lässt sich behaupten, dass man Profildarstellungen, während man dieselben bei flachem Schnitt der Münzstempel und da, wo man auf blosse Köpfe sich beschränkte, häufiger zur Anwendung brachte, bei ganzen Figuren im Hochrelief meist zu vermeiden und zu umgehen suchte.

Einige Beispiele für das Erscheinen von Profilbildern auf Bracteaten aus dem 12. und dem Anfange des 13. Jhdts. wollen wir schliesslich hier noch anführen. Als solche nennen wir den ebenfalls Herzog Bernhard von Sachsen zugetheilten Bracteaten aus dem Rathauer Funde (Mém. etc. par Köhne, Bd. VI. Taf. XIX. Nr. 66), der in der Numism. Zeitung 1855, Sp. 83 zwar für Otto von Meissen beansprucht, dagegen in derselben Zeitschrift, Jahrg. 1863, Sp. 107, wieder Bernhard zugetheilt wird, was wir für richtiger halten; sodann zwei ziemlich gleiche Bracteaten meissner Fabrik aus dem Ende des 12. Jhdts. mit dem Brustbilde des Schwert und Fahne haltenden Markgrafen, dessen Kopf einmal von der rechten, das andere Mal von der linken Seite erscheint, letzteres Gepräge (Num. Ztg. 1854, Taf. III. Nr. 87) aus dem 1853 zu Nassenböhle bei Grossenhain gemachten Münzfunde, beide im Vergleich zu ersterem von etwas roher Arbeit, denn jener ist von zierlichem Stempelschnitt; ferner den schönen in Erfurt geschlagenen Bracteaten Heinrich's I. von Mainz (Num. Zeit. 1845, Taf. I. Nr. 32 und Sp. 46; Posern, Sachs. Münzen i. M. IX. Nr. 11), einen Konrad's von Mainz (Blätter für Münzkunde I. Taf. 24. Nr. 311), den von Götz (K. M. Nr. 455) und Cappe (K. M. II. Taf. IX. Nr. 69) bekannt gemachten Pfennig König Friedrich's I. mit 3 Figuren (s. auch Numism. Zeit. 1848, Sp. 81, Nr. 1), den so eigenthümlich vertieft geprägten nordhäuser (Mader, II. Versuch. Taf. VI. Nr. 99 und Posern XLIV. Nr. 8), mehrere halberstädter Bracteaten, von denen wir schon oben zwei herausgehoben (Leukfeld, Taf. V. Nr. 71. 72 und Taf. I. Nr. 6 u. 7, sowie Taf. III. Nr. 46), Denare

Erzbischof Konrad's von Magdeburg (Zeitschrift für Münz-, Siegel- und Wappenkunde, Neue Folge, Taf. XIV. Nr. 22) und einen, wenn auch rohen, Morizpfennig (daselbst Nr. 18), desgleichen Bracteaten aus der Gegend von Goslar oder von Quedlinburg aus der ersten Hälfte des 12. Jhdts. mit einem stehenden Schirmvogt von der rechten Seite (Seeländer, X Schriften zu S. 15, Nr. 14. 15, Cappe, M. v. Qued. IX. Nr. 84 u. 85, Num. Zeit. 1856. Sp. 183. Nr. 43), Bracteaten aus der Harzgegend mit einem, Schwert und Fahne haltenden Brustbilde von der rechten Seite zwischen zwei, auf einer durch Rundbogenfries gezierten Mauer stehenden Thürmen, nebst sinnloser Umschrift (Num. Zeit. 1856, Sp. 184. Nr. 44), die in der Darstellung mit den von Cappe, K. M. II. Taf. XIV. Nr. 122 abgebildeten und dem Markgrafen Albrecht von Brandenburg zugewiesenen übereinstimmen (Seeländer zu S. 1. Nr. 2), bei welch letzteren auch noch der Bracteat bei Cappe, II. Nr. 87 (Danske Med. og Mynter X. Nr. 6) anzureihen ist, endlich die bekannten 3 verschiedenen Münzen Jakza's mit dem Brustbilde, dem sitzenden und dem stehenden Fürsten (Mader, II. Versuch. Taf. IV. Nr. 77 und 78, Köhne's Zeitschr. III. Taf. X. Nr. 4, Weidhas, Brand. Denare I. Nr. 14—16). Ungemein zahlreich erscheinen, wie wir schon oben kurz bemerkt, Profilköpfe auf Bracteaten der Schweiz aus dem 13. Jhdt. (vgl. Meyer, Denare u. Bract. der Schweiz, Taf. I. II. IV. V. VI. und Meyer, die ältesten Münzen von Zürich, II). Der geringe Umfang dieser Münzen gestattete nicht wohl ganze Figuren zu geben, man beschränkte sich daher auf Köpfe, gerade deshalb erscheint aber auch hier, wie gesagt, Profilvorstellung häufiger.

Der Uncialbuchstabe D, welcher auf unserer Nr. 1 und auf den Schriftbracteaten Bernhard's aus gegenwärtigem Funde fast durchgängig anzutreffen ist, kommt auf Münzen vor dem 13. Jhdt. nur sehr selten vor (z. B. auf einigen halberstädter Bracteaten), und scheint auch auf Bernhard's Münzen vor dem 13. Jhdt. nicht üblich gewesen zu sein, wie er denn auch auf keinem der aus dem 1859er Funde stammenden Bracteaten Bernhard's zu finden ist. Dagegen begegnen wir dieser Form des D, was Bernhard's sonst noch bekannte Münzen betrifft, wieder auf dem zweiseitigen Denare, den v. Posern-Klett Taf. XLVI. Nr. 16 in Abbildung mittheilt, auf einem von uns aus dem königlichen Cabinete zu Dresden nachstehend in der Anmerkung zu Nr. 6 publicirten Stücke und dem später bei Nr. 10 angeführten Reiterbracteaten. Es dürfte dies bei der Bestimmung der Ausprägungszeit dieser drei Münzen einen Anhaltspunkt gewähren.

Was nun noch das räthselhafte V am Ende der Umschrift unserer Nr. 1 u. 2 anlangt, das uns auch auf Nr. 3 entgegentritt, so könnte es entweder als die Abkürzung eines Beiwortes zu Dux aufgefasst, oder als ein Hinweis auf die Münzstätte betrachtet werden. Schon bei unserer früheren Besprechung des Fundes stellten wir die Vermuthung auf, es könnte die Münzstätte Wittenberg anzeigen. Dieses V, wie in der Numism. Zeitung (1863. Sp. 107 zu Nr. 1) vorgeschlagen wird, durch Venerabilis aufzulösen, — ein Prädicat, welches allerdings auch bei weltlichen Herren (z. B. auf Bracteaten Heinrich's des Erlauchten, Albrecht's des Unartigen und auf einigen burggräflichen, wie auch schon in älterer Zeit auf friesischen Denaren Graf Ekbert's II.), vorzüglich aber bei Geistlichen Anwendung fand — geht deshalb nicht an, weil venerabilis seine Stelle stets vor dem Titel oder Namen einnimmt. — Das V mit dem Titel des Herzogs in Verbindung zu bringen, will gleichfalls nicht glücken. Zwar erscheint Bernhard, obwohl er sich als Herzog meist Dux

Saxoniae nennt, auch als Dux Westfaliae et Angariae, als Dux Angariae et Westfalie et comes de Aschersleve, z. B. als Zeuge in einer Urkunde K. Friedrich's für den Bischof von Hildesheim, v. 1. Dec. 1181 u. s. w. (vgl. v. Raumer, Regesta, Nr. 1499, 1503, 1504), und es könnte sonach das V am Ende auch eine Auflösung in Westfaliae finden; allein hätte man, wie es die Führung des Titels dux Westfaliae von Seiten Bernhard's bezwecken mochte, an den alten ducatus Saxoniae erinnern wollen, so würde man gewiss nicht eine Abkürzung gewählt, sondern gerade des Nachdrucks halber den fraglichen Titel vollständig gegeben haben.

Wir glauben bei unserer Auslegung durch Wittenberg vor der Hand stehen bleiben zu müssen, um so mehr, als der erst nachträglich in unseren Besitz gelangte, unter Nr. 70 abgebildete Pfennig derselben in überraschender Weise zu Hülfe kommt, weshalb denn diese, als Beweisstück sehr wichtige Münze auch sogleich hier besprochen werden soll.

Nr. 70. Ueber einem kleinen, mit Perlen besetzten Bogen das Brustbild des Herzogs im Panzer, mit zurückgeschlagenem Waffenmantel, das Haupt mit spitzer Beckenhaube bedeckt, mit der Rechten das Schwert schulternd und in der vorgestreckten Linken eine kurze, in 4 Lappen getheilte Fahne haltend. Umschrift, zwischen zwei aufgetriebenen Kreisen, von denen der innere noch Spuren von Perlen zeigt, oben beginnend: ✠ BERNARDVS . DVX . VI

Gr. 23½, Gew. 0,84.   Erbstein'sche Sammlung.

Dieser nur in einem einzigen Exemplare zum Vorschein gekommene, jedenfalls höchst beachtenswerthe Pfennig ist von verhältnissmässig starkem Silberblech und gehört noch dem 12. Jhdt. an. Schon das N, welches ausser auf vorliegendem Stücke nur noch auf Nr. 72 der Bernhardsmünzen unseres Fundes erscheint, spricht für eine frühere Entstehungszeit.

Unstreitig giebt dieses Stück in seinem VI den Schlüssel zur Lösung des V der vorhergegangenen und nachfolgenden; gewiss aber liegt nichts näher, als darin die Anfangsbuchstaben der Münzstätte Wittenberg (Vitebergae) zu erblicken; denn an den Namen eines Münzmeisters wird man doch nicht denken wollen. Zudem sind ja Namen von Münzstätten auch auf anderen Münzen Bernhard's anzutreffen. Bekannt sind die Münzen Bernhard's aus der Köthener Münzstätte mit DENARIVS COTNE (Zeitschrift f. M. S. u. Wappenkunde, N. F. Taf. IX. Nr. 9.) und KOTADA CIVITAS (v. Posern, Taf. XLVI. Nr. 16.); aber auch die Münzstätte zu Aschersleben glauben wir in dem Worte ASCHERS deutlich ausgedrückt zu finden, das Bracteaten aus dem bei Freckleben in der Nähe von Aschersleben gemachten Funde zeigen (Vgl. T. Stenzel, der Bracteatenfund von Freckleben. Taf. II. Nr. 43 a.)[3]). Es führen diese den heiligen Stephan mit ausgebreiteten Armen und die durch vier Bogen unterbrochene, resp. bedeckte Umschrift NVS PR — 'OMARTIR — ASCHERS—'IDIN. Herr Pastor Stenzel, durch das Bild des heiligen Stephan verleitet, verlegt

---

[3]) Hierher gehören auch die aus demselben Funde stammenden, von Stenzel a. a. O. unter Nr. 42, a—e besprochenen Bracteaten, die den knieenden Stephan und sämmtlich eine mehr oder minder verstümmelte Umschrift enthalten, z. B. NVSBRO—NAR—TIRA—SC. Die am Ende der Umschriften stets wiederkehrenden, auch ungetheilt vorkommenden Buchstaben ASC sind aber nicht zu trennen, wie es von Seite Stenzel's geschieht, der das SC mit dem auf der anderen Seite des Kopfes stehenden NVS in Beziehung bringt und nun SC=StephaNVS liest, sondern mit A in Verbindung zu lassen und als Anfang von ASCHersleben zu betrachten. Auch auf Nr. 43 ff. beginnt ja die Umschrift mit NVS allein.

diese Bracteaten nach Halberstadt und macht aus den letzten Worten einen Münzmeister Aschersidin. Wie jedoch nach PR der Apostroph andeutet, dass das OT oder OTH durch den heraustretenden Bogen weggefallen ist, so weist jener nach ASCHERS ebenfalls auf ausgefallene Buchstaben hin, die sich, will man ergänzen, ungezwungen in LEV finden lassen würden, so dass nun Ascherslevidin (din vielleicht denarius?) zu lesen wäre. Doch reicht schon, ganz abgesehen von der vorgeschlagenen Ergänzung, das Aschers hin, an Aschersleben denken zu lassen, zumal dieses ganz in der Nähe des Fundorts liegt. Es würde, noch dazu da die letzten Buchstaben wechseln und auf einigen jener Bracteaten ININ (IHIN) zu finden ist, nur der Schluss des richtig begonnenen Wortes verstümmelt sein, wie man dies ja häufig trifft. Dass man aber bei diesen Münzen, um ihnen besseren Umlauf zu verschaffen, das Bild des heiligen Stephan wählte, und sie denen des benachbarten Halberstadt möglichst anpasste, kann nicht auffallen; denn ein Nachahmen fremder Münztypen war im Mittelalter etwas sehr Gewöhnliches und wurde durch die Verkehrsverhältnisse theilweise sogar geboten. Wie schon die Zusammensetzung des Frecklebener Fundes an die Hand giebt, mochte die Gegend um Aschersleben von dem benachbarten Halberstadt so mit halberstädter Gelde überfluthet werden und dieses daselbst in so gutem Cours stehen und beliebt sein, vielleicht lieber noch genommen werden, als das einheimische, dass die ascherslebener Münzofficin sich sogar genöthigt sehen mochte, ihren Münzen durch Nachahmen der halberstädter Typen, sei es auch nur durch Aufnahme des Stephanbildes, Credit zu verschaffen und lediglich die Andeutung des Münzorts als Erkennungszeichen dienen zu lassen. Der halberstädter Typus wurde überdies vielfach copirt; so liefert uns gleich eben gedachter Fund zwei weitere augenfällige Beispiele dafür, dass das halberstädter Stephanbild auch anderwärts benutzt wurde; einmal führt ein quedlinburger Bracteat mit der Umschrift ADELHEIT—ABAETISA (Stenzel, III. Nr. 74; im Text lautet die Umschrift ABABTISA) den heiligen Stephan ganz genau so, wie er auf einem halberstädter Bracteaten erscheint (Stenzel, II. Nr. 46.), und dann treffen wir einen magdeburger Bracteaten mit dem sitzenden Stephan und der Umschrift MAGADEICI (daselbst Nr. 44, zu vergleichen mit Nr. 45), welche letztere Umschrift in ihrem Anfange ebenso deutlich auf Magdeburg hinweist, wie besprochenes Aschers' auf Aschersleben. Ferner erinnert unter andern auch der in den Mém. etc. de St. Pétersbourg (VI. S. 412 u. Taf. XIX. Nr. 64.) publicirte, der Abtei Helmstädt angehörige Bracteat mit SC—S LVDERVS . ABBAS . an gleichzeitige halberstädter (Leukf., Taf. III. Nr. 54.), worauf Danneuberg bereits hingewiesen hat. — Welch grosse Uebereinstimmung in der Darstellungsweise finden wir nicht zwischen verschiedener Herren Gepräge jener uns zunächst berührenden Gegend und Zeit! So gleichen erfurter Pfennige Erzbischof Heinrich's I. denen Abt Gotschalk's von Saalfeld (v. Posern, Taf. XXIII. Nr. 5.), die höchstwahrscheinlich zu Arnstadt geschlagenen Bracteaten Siegfried's von Hersfeld denen zu Erfurt geschlagenen Erzbischof Konrad's (vgl. Posern, Taf. XII. 1. mit VI. 2.) u. s. w. Wie aber in geistlichen Territorien auch Typen weltlicher Herren benutzt wurden, z. B. Pfennige Konrad's von Mainz den königlichen nachgebildet sind (Cappe, K. M. Bd. II. S. 25, s. auch daselbst Nr. 112 und Taf. VII. nr. 54.), so kann umgekehrt die Annahme des geistlichen Typus von Seiten eines weltlichen Herrn, für die sich ausser obigem Beispiele noch andere Belege beibringen lassen, nicht auffallen. In Meissen wurden die Typen der bischöflich naumburgischen Münzen gemissbraucht, wie aus dem Lehensvertrage zwischen Bischof Engelhard von Naumburg und Markgraf Heinrich dem Erlauchten v. J. 1238 hervorgeht, worin Letzterer verspricht, dass in seinen Landen das Münzen von Pfennigen nach Art der naumburger oder zeitzer Münze unterbleiben solle. So wird auch jener bekannte Bracteat, der ganz mit einem von Heinrich I. von Mainz in Erfurt geschlagenen Bracteaten übereinstimmt und nur durch den Namen LVDVIC (statt HENRI) von diesem sich unterscheidet, in der „Reichel'schen Münzsammlung" (Bd. IV. Nr. 1739) als ein Nachgepräge aus der Münze Landgraf Ludwig's des Eisernen von Thüringen bezeichnet — was uns passender erscheint, als in dem Ludwig einen Münzmeister zu vermuthen (Posern zu Taf. IX. 9. und Cappe, M. v. Mainz zu Nr. 247). Noch mehrmals werden wir im Laufe unserer Besprechung auf das gegenseitige Nachprägen zurückzukommen haben, indem gerade der Trebitzer Fund in dieser Beziehung recht aufschlussgebend ist.

Jener interessante Kreis von Münzen, auf denen der Prägort genannt ist, würde sich sonach, will man unsere Propositionen gelten lassen, durch die wittenberger und aschersleben er wieder um etwas erweitern.

Was nun Wittenberg selbst anlangt, das schon im letzten Viertel des 12. Jhdts. urkundlich erscheint und seine Anlage höchstwahrscheinlich niederländischen Colonisten verdankt, so wurde es zur Stadt erhoben, als der Herzog von Sachsen daselbst seinen Sitz nahm, nur bleibt es zweifelhaft, ob dies schon unter Herzog Bernhard geschehen oder erst unter Albrecht I. Eine Urkunde von 1227 gilt als der älteste Beleg für ein daselbst aufgeschlagenes herzogliches Hoflager. Bernhard erhielt als Erbtheil die Grafschaft Aschersleben, den östlichen Theil des askanischen Stammlandes, und wahrscheinlich auch zugleich das Land an der Elbe um Wittenberg, während ihm nach dem Tode seines Bruders Albert noch der westliche Theil der Hausgüter, die Grafschaft Ballenstädt, und nach Dietrich's zu Werben 1183 erfolgtem Ableben auch dessen Güter zufielen.

Unsere oben besprochenen Münzen beweisen nun zwar nicht, dass Wittenberg bereits Residenz Bernhard's gewesen, lassen aber erkennen, dass es schon seit dem Ende des 12. Jhdts. eine herzogliche Münze besass und jedenfalls, namentlich in Bezug auf den Handel, damals schon eine bedeutendere Rolle spielte, als man bisher anzunehmen geneigt war.

Wenden wir uns nun zu dem mit Nr. 1. und Nr. 2. innig verwandten Löwenpfennig:

Nr. 3. Ein nach rechts schreitender Löwe mit erhobenem, bogenem Schweife, umgeben von 4 Perlenkreisen, zwischen deren innersten die Umschrift: GRDARDVS . DVX . V ❋

Gr.: 26—28.   Anzeiger a. a. O. Nr. 2.
Gew.: 0,605—0,88.   Num. Zeit. a. a. O. Nr. 2.
D.-G. von 34 aus 50 Stücken: 0,746 (c. 20 Stück = 1 Loth, köln.).

Die Umschrift unterscheidet sich von der auf Nr. 1. nur durch das Fehlen des B und den durchbrochenen Stern an Stelle des Punktes nach V und des Kreuzes. Aehnlich wie hier Ernardus statt Bernhardus, — eine Kürzung, die übrigens bereits auf Denaren Herzog Bernhard's I. von Sachsen aus dem Hause Billung vorkommt (vgl. Zeitschr. f. Münzk. N. Folge. S. 275. Nr. 75, Anmkg.) — finden wir, vielleicht nur aus Räumlichkeitsgründen, auf Nr. 8 Rnardvs und auf den Nummern 13 und 14 Avricivs und Avri statt Mavricivs und Mavri.

Wie auf Nr. 1. der Profilkopf eine eigenthümliche Erscheinung bildet, so auf gegenwärtigem Stücke das alleinige Auftreten des Löwen. Unwillkürlich erinnert dieser Pfennig in Folge seines Bildes an die gleichzeitigen Bracteaten der Welfen; doch neigten wir auch früher (vgl. Anzeiger, Sp. 93.) der Ansicht hin, in ihm eine rein aus Spekulationsrücksichten hervorgegangene Nachahmung welfischer Bracteaten zu erblicken (welcher Ansicht auch in der Numism. Zeitung zugestimmt wurde), so glaubten wir doch schon damals dem Löwen noch eine andere Bedeutung beilegen zu können, nämlich mit den Verhältnissen ihn in Verbindung bringen zu dürfen, die zwischen Bernhard und dem welfischen Hause bestanden (ebendas. Sp. 93 u. 168.). Mag auch vielleicht im speciellen Falle die Absicht zu Grunde gelegen haben, durch den hier ganz selbstständig erscheinenden Löwen eine gewisse Aehnlichkeit mit den welfischen Bracteaten hervorzurufen, so berechtigt doch der Umstand, dass dieser Löwe auf Münzen Bernhard's zu wiederholten Malen und in verschiedenartigster Stellung und Umgebung, ohne dass hinsichtlich aller dieser Gepräge eine Uebereinstimmung mit anderen und insbesondere welfischen Bracteaten sich nachweisen liesse, zum Vorschein kommt, gewiss zu der Annahme, dass ihm eine besondere Bedeutung zu Grunde liegen muss. Erst gegenwärtigem Funde verdanken wir die Kenntniss einer Reihe von Geprägen Bernhard's, die den Löwen zeigen, während bisher nur jenes so interessante Stück bekannt war, auf welchem der Löwe zu den Füssen des thronenden Herzogs liegt. (Zeitschrift, Neue Folge, Taf. X. Nr. 29., Numism. Zeit. 1859. Sp. 179. Nr. 1., mangelhaft abgebildet Taf. III. Nr. 1.). Nicht weniger als sechs verschiedene neue Denare mit dem Löwen bringt uns der Trebitzer Fund; sie zeigen den Löwen in natürlicher Gestalt, entweder schreitend, oder springend, oder aufgerichtet, nicht in einem Schilde, also in ähnlicher Weise, wie auf welfischen und anderen Münzen jener Zeit. Wir verweisen, abgesehen von Nr. 4, auf die Nr. 30, 31, 32, 38 und 71 unserer Kupfertafeln. Liesse nun auch auf einigen dieser Stücke die Art und Weise, in welcher der Löwe thätig auftritt, eine tiefere, symbolische Deutung zu, z. B. den Löwen auf Nr. 30 und 31, besonders auf ersterer, als Wächter des Heiligthums und auf Nr. 32 als Träger des Heiligthums aufzufassen — was für jene Zeit, in welcher die christliche Kunst so gern zu symbolisiren pflegte, nicht gerade unmöglich wäre und worüber wir später bei den betreffenden Stücken noch Gelegenheit nehmen werden, einige Worte hinzuzufügen, — so erinnert doch andererseits der zu den Füssen des thronenden Herzogs liegende Löwe auf kurz vorher erwähntem Bracteaten an den bildlichen Ausdruck der thronenden Macht und Herrlichkeit[4]), so lässt ferner die Art und Weise, wie er auf Nr. 38 und Nr. 71 angebracht erscheint, an ein mit dem Herzog und seiner Würde gleichsam Hand in Hand gehendes Sinnbild, ein Standeszeichen denken, als welches dieser Löwe denn dann auch auf gegenwärtigem Stücke zu betrachten wäre. Halten wir vor der Hand diese Bedeutung für alle jene Löwen, in welcher Weise sie auch auf Bernhard's Münzen uns entgegentreten, fest und werfen wir nun einen Blick auf die Zeit, aus der unsere Münzen stammen, also das erste Jahr-

---

[4]) Es wäre dies allerdings ein etwas frühzeitiges Beispiel für eine derartige Bedeutung, die erst im 13. Jhdt. nachzuweisen ist. Wir finden diese Art der Darstellung z. B. auf englischen Siegeln, auf den Siegeln der deutschen Könige aber erst seit Heinrich VII. (1308—12); sie erhält sich in der Zeit Ludwig's IV., Friedrich's III. und Günther's.

zehent des 13. Jhdts., einer Zeit, in welcher jene von Fürsten beliebig als Symbole ihrer Fürstenwürde überhaupt gebrauchten Löwen, ebenso wie die Adler, da, wo sie nicht früher schon, seit dem Ende des 12. Jhdts., bei der Entwickelung des Wappenwesens in Deutschland, durch andere angenommene Bilder und Dessins in den Hintergrund gedrängt waren, zu Geschlechtswappen oder doch Geschlechtssymbolen sich ausbildeten, einer Zeit ferner, in welcher gerade bei uns das Wappenwesen schon in der grössten Mannigfaltigkeit zu Tage tritt, so ist es eine auffallende Erscheinung, dass Herzog Bernhard, der in Folge seines Aufenthaltes im Auslande[5]) mit dem Wappenwesen besser als Andere bekannt geworden sein mochte, ein von dem askanischen Stammwappen verschiedenes Abzeichen führt und dieses Symbol nicht in den Wappenschild aufgenommen ward, wie dies doch anderwärts, besonders beim thüringer Herrenstand der Fall war, sondern völlig wieder verschwindet. Denn veränderten auch z. B. die Welfen ihr Geschlechtswappen und nahmen diese statt des alten Stammwappens die Wappen zweier Ahnfrauen auf, so wurde doch der welfische Löwe damit nicht aufgegeben, sondern fort und fort beibehalten. Zieht man nun ferner in Betracht, dass Bernhard dieses Symbol nicht als ein schon früher von seinem Vater, Albrecht dem Bären, geführtes überkommen hat, dass auch er es erst, soweit uns bis jetzt Denkmale zur Seite stehen, nach erlangter Herzogswürde zu dem seinigen machte, sein Vorgänger in fraglicher Herzogswürde aber bekanntlich einen Löwen führte, so drängt sich unwillkürlich der Gedanke auf, dass dieser Löwe Bernhard's wohl auf den welfischen zurückzuführen sein könnte.

Nach langem Ringen zweier auf einander erbitterter Geschlechter, der Welfen und der Askanier, die sich nur dann vertrugen, wenn es galt, erneuerter Bewegungen ihrer gemeinsamen Feinde, der Slaven, sich zu erwehren, war es endlich dem askanischen Hause beschieden, über den Fall Heinrich's des Löwen, eines alten Gegners, zu triumphiren, der der mächtigste und nächst dem Kaiser der bedeutendste Fürst seiner Zeit war. Alle hatten sich verbunden, den zu stürzen, der mit starker, aber wohl oft zu strenger Hand die Ordnung aufrecht zu erhalten wusste, der unablässig bemüht war, seine Macht mehr und mehr zu vergrössern; alle, der erbitterte Kaiser, geistliche und weltliche Fürsten strebten dahin, die Macht jenes so gefürchteten und gefährlichen welfischen Hauses zu brechen, das einestheils den Absichten der Hohenstaufen so drohend und hindernd im Wege stand, anderntheils für die Fürsten, die nach Selbstständigkeit und Freiheit, d. h. selbst nach den herzoglichen Rechten trachteten, so drückend und lästig war. Das in der Geschichte bedeutungsvolle Jahr 1180 krönte die jahrelangen Anstrengungen; Herzog Heinrich, geächtet und seiner Reichslehen für verlustig erklärt, unterlag; das alte Herzogthum wurde zerstückelt und die Grossen des Landes suchten sich nun aus dessen Trümmern so viele Rechte anzueignen, als sie nur konnten, und dem Verbande mit dem Herzogthume sich zu entwinden, um der Oberleitung enthoben zu sein. Ein Theil des Herzogthums Sachsen wurde an den Erzbischof von Cöln verliehen und was nach Abzug von diesem und jenem als Rest vom ganzen Herzogthume noch übrig blieb, dem Grafen Bernhard von Anhalt übertragen, der bei seiner aus alten Ansprüchen

---

[5]) Bernhard begleitete mit seinem älteren Bruder Otto 1159 den Kaiser nach Italien, war bei der Zerstörung von Mailand noch daselbst und ging dann mit dem Kaiser nach Burgund. 1163 kam er aus Besançon zurück.

seines Hauses auf das Herzogthum erwachsenen und ererbten Feindschaft gegen die Welfen und bei seiner nicht zu grossen Hausmacht, sowie bei seiner Anhänglichkeit an den Kaiser sich als die geeignetste Persönlichkeit erweisen mochte, der unschädliche Nachfolger in der geschwächten herzoglichen Würde zu werden. Bernhard war von Haus aus von feurigem und energischem Charakter und soll unter den Söhnen Albrecht's des Bären der tüchtigste gewesen sein; wie war es ihm aber möglich, in jener Zeit der allgemeinen Auflösung seine neue Würde zur Geltung zu bringen, wie konnte er ohne die nachdrücklichste und nachhaltigste Unterstützung seinem immer noch mächtigen, mit den Waffen in der Hand sich vertheidigenden Gegner, der nicht die Hoffnung sinken liess, seine ehemalige Macht im Norden wieder herzustellen, mit Erfolg entgegentreten! Seine bewaffneten Angriffe gegen Heinrich missglückten, seine letzte Waffenthat endigte 1193 mit der gänzlichen Niederlage bei Lauenburg, seine eigenen Stände lehnten sich gegen ihn auf, die Versuche aber, ihnen gegenüber mit Strenge und Gewalt sein Ansehen zu behaupten, sowie allzugrosse Ansprüche, machten ihn nur noch mehr verhasst. So kam es, dass er, rings vom Missgeschicke umgeben, erschlaffte, unter schlechtem Beistande mehr und mehr an Ansehen verlor und mit Unentschlossenheit den Dingen ihren Verlauf liess. Dagegen bewahrte er fort und fort den Groll gegen die Welfen, und wenn er auch nach König Philipp's plötzlicher Ermordung, als die Spaltung zwischen Welfen und Hohenstaufen verdeckt schien, politisch genug war, in erster Reihe der Sache Otto's IV. zugethan zu sein, so wandte er sich doch, nicht lange vor seinem Tode, wieder der hohenstaufischen Partei zu. Waren auch die Anstrengungen fruchtlos, die Herzog Bernhard unternahm, sein Ziel zu erreichen und der herzoglichen Würde ihre frühere Bedeutung wiederzugeben, so hielt er doch nur um so entschiedener an seinen Ansprüchen auf das Herzogthum fest, so hörte er doch nie auf, sich als der Nachfolger jenes Entthronten im ganzen Umfange zu betrachten, — und wenn es auch nur der Titel war, der an den alten ducatus Saxoniae erinnerte, er wenigstens enthielt das, um was das Haus Anhalt gerungen und gestritten! Freilich entsagte auch das prätentirende welfische Haus diesem Titel nicht, sowohl Heinrich, als dessen ältester Sohn führten ihn fort, wie denn auch Wilhelm sich des Zusatzes „filius ducis Saxoniae" bediente. Könnte nun aber, als Gegensatz, nicht der Löwe, der schon vor Herzog Heinrich's Entthronung dessen Symbol bildete, nach 1180 aber eine hervorragende Rolle auf Siegeln und Münzen des welfischen Hauses spielte und sich zum bleibenden Abzeichen der Welfen gestaltete, könnte er nicht gerade deshalb von dem neuen Herzoge Bernhard angenommen worden sein, weil er das Zeichen seines Vorgängers gewesen war, weil man im Laufe der Zeit sich daran gewöhnt haben mochte, in demselben ein Symbol des Sachsenherzogs zu erblicken, und nun dieses Symbol von dem prätentirenden welfischen Hause recht auffallend geführt wurde? Dann wäre auch der Umstand leicht zu erklären, dass der Löwe bei den askanischen Herzögen wieder verschwindet, indem nach Beilegung der Streitigkeiten und Errichtung des Herzogthums Braunschweig kein Grund mehr vorhanden war, durch Führung dieses Löwen den Ansprüchen der Welfen gegenüber zu protestiren. Allerdings ist nicht zu leugnen, dass eine derartige Erklärung in so fern etwas gewagt erscheint, als wir Beispiele für Annahme eines Abzeichens oder Wappenbildes als Ausdruck der Protestation auf Grund bestrittenen Besitzes oder als Zeichen der Succession ohne Erbrechtstitel aus so früher Zeit bis jetzt nicht sicher zur Seite haben, solche vielmehr erst in der 2. Hälfte des 13. Jhdts. nachweisbar werden; allein schon im Anfange des 13. Jhdts. kommen hier und da eigenthümliche Erscheinungen vor, die ihre Erklärung meist darin finden sollen und in Ermangelung von Nachweisen vorläufig auch nur darin finden können, dass die Erblichkeit der Wappen in der fraglichen Zeit noch nicht überall zur Regel geworden war.

Da nun freilich überhaupt dafür, dass Bernhard einen Löwen geführt, weitere Beweissmittel nicht beizubringen sind, als eben unsere Münzen, so könnte uns eingewendet werden, dass diese gar nichts zu beweisen im Stande seien, da die Wahl der Bilder u. s. w. zu jener Zeit lediglich vom Stempelschneider abhängig gewesen. Wenn nun auch zuzugeben ist, dass die Darstellungen in den meisten Fällen und zum grössten Theile, innerhalb gewisser Grenzen, der Willkür und der Erfindungsgabe der Stempelschneider entsprungen sind, und von einer höheren Genehmigung jedes einzelnen Entwurfs nicht die Rede sein kann, so ist man doch keineswegs berechtigt, einzig und allein deshalb, weil uns die Bedeutung der Bilder unbekannt, ihr Zusammenhang mit früheren, seiner Zeit von sich reden machenden Ereignissen und Verhältnissen, oft vielleicht sehr einfacher und untergeordneter Art, unverständlich ist, nun durchgängig anzunehmen, dass sie gar keine Bedeutung gehabt hätten, vielmehr ist man gewiss befugt, zu behaupten, dass eben irgend ein besonderer Anlass oder Vorfall oftmals für die Wahl der Originalbilder massgebend war und den Stoff dazu lieferte. Jenen Grund und jene Beziehungen wieder aufzufinden, wird nun freilich in den meisten Fällen unmöglich sein, doch darf man deshalb nicht ein für allemal im Voraus hierauf verzichten, man muss vielmehr, wenn die Bilder selbst hierzu auffordern, durch Vergleichung und mit Hülfe des Hineindenkens in jene einfache Zeit dieselben eben auf möglichst einfache und naheliegende Art zu erklären suchen, nicht aber, wie es besonders ältere Schriftsteller zu thun pflegten, in jedem offenbar nur beliebigen und völlig gleichgültigen Attribute oder Ornamente womöglich eine ganze Reihe von staatsrechtlichen Verhältnissen zu entwickeln bestrebt sein, das Ganze übersehend und namentlich ohne zu untersuchen, ob man ein Originalbild oder nur eine Copie vor Augen hat. So haben wir in einer Abhandlung über den Doppeladler (Numismatischer Beitrag zur Geschichte des Doppeladlers, Nürnberg 1864) darauf hinzuweisen Gelegenheit genommen, dass sich ein ganzer Kreis von Münztypen auf Ornamente an Bauwerken[*], bez. auf Teppichmuster zurückführen lässt, — bei dieser Kategorie wäre also dem figürlichen oder ornamentalen Dessin selbst eine specielle Bedeutung nicht beizulegen, sein Erscheinen höchstens auf Münzen böte, will man von einer willkürlichen, dem Geschmacke der Zeit entsprechenden, reinen Zierde absehen, ein Feld für im Ganzen unfruchtbare Hypothesen. — Wie oft ist nicht schon ferner eine grosse Gelehrsamkeit an Bildern entwickelt worden, um das Erscheinen derselben auf irgend eine Weise mit dem Münzherrn in Beziehung zu bringen, während in diesen Bildern doch nichts weiter

---

[*] Schon Dr. Karl Erbstein hat in seinen „Numismatischen Bruchstücken" (II. S. 49 u. 50) auf die Uebereinstimmung hingewiesen, die zwischen den Darstellungen auf Rückseiten von Denaren askanisch-brandenburgischer Fabrik und den Sculpturen am Tympanon der Kapelle zu Landsberg, sowie an einem Pfeiler der Kirche zu Brene besteht. Es sind dies Motive, die man auch anderwärts trifft und die sich auf orientalische Muster zurückführen lassen.

als Nachahmungen von Typen zu erblicken waren, die auf den Originalgeprägen anderer Münzherrn sehr einfach ihre Erklärung finden.

So vorsichtig man also bei Deutung von Bildern verfahren muss und so wenig wir bei unserer Deutung des Löwen auf Münzen Bernhard's die Schwierigkeit einer solchen verkannt haben, so glauben wir doch mit einiger Berechtigung dieselbe unternommen zu haben. Liess sich doch die neue Würde Bernhard's fast nicht besser und verständlicher bildlich zur Anschauung bringen und ausdrücken, als dadurch, dass man den gekannten Löwen des gestürzten „Löwen" adoptirte!

Nr. 4. Ein nach links schreitender Löwe mit erhobenem Schweife. Umher drei Perlenkreise, zwischen welchen innen 4 vertheilte Ringlein, aussen mehrere eine Umschrift repräsentirende Zeichen, die theilweise Aehnlichkeit mit hebräischen Buchstaben haben.

Gr.: 25.

Gew.: 0,69—0,875; D.-G. v. 4 Stücken: 0,785.

Mehr als vier Exemplare scheinen von diesem Gepräge nicht in der Fundmasse gewesen zu sein.

Wir möchten in diesem Pfennige eine von unberechtigter Hand verfertigte Nachahmung erblicken, dazu bestimmt, mit den eben besprochenen Löwenpfennigen des Herzogs Bernhard zu coursiren. Die drei das Bild umgebenden Kreise, die auf mehreren Münzen des neuen Sachsenherzogs wiederkehren, während sie sich auf den um jene Zeit in Umlauf befindlichen welfischen Bracteaten nicht finden, sprechen schon an und für sich für bezeichnetes Vorbild. Dass der Silbergehalt, wie es den Anschein hat, kein geringer ist, kann unsere Vermuthung nicht entkräften; denn Gewinn brachte für den Producenten schon der durch Nachahmung überhaupt ermöglichte Umsatz. Erscheint auch der Löwe nicht, wie auf dem Pfennige Bernhard's, von der linken, sondern von der entgegengesetzten Seite (was bei der sonstigen Uebereinstimmung der Stellung seinen Grund lediglich darin haben wird, dass der Fälscher so, wie die Vorlage das Bild zeigte, den Stempel schnitt, der dann natürlich das umgekehrte Gepräge geben musste), und hat man auch im Uebrigen nicht streng an das Originalgepräge sich gehalten, so konnten doch diese Abweichungen um so weniger dem Absatze hinderlich sein, als in Folge der Prägweise der Bracteaten — die auf der Rückseite das Bild ebenso deutlich erkennen lässt, wie auf der Hauptseite, — je nachdem der Pfennig lag, die Vorstellung einmal von dieser, das andere Mal von jener Seite sich präsentirte, die Umschrift aber im allgemeinen Verkehre nicht sehr beachtet werden mochte, da das Lesen nicht Jedermanns Sache war, dem des Lesens Unkundigen vielmehr nur das Bild und die Grösse, überhaupt die äussere Erscheinung im Ganzen, als Richtschnur bei der Beurtheilung der Münze gedient haben wird. Auch dem höchstwahrscheinlich jüdischen Verfertiger des Stempels war die lateinische Schrift fremd, statt ihrer brachte er blosse Zeichen an, deren einige in ihrer Bildung hebräischen Buchstaben, die ihm vorschweben mochten, allerdings ähnlich sind; einen Sinn aber vermögen wir ihnen nicht abzugewinnen.

Der Fabrik nach schliesst sich an Nr. 1—3 unverkennbar das folgende, nur in einem Exemplare vorgefundene Stück an, das den Herzog und den Löwen vereint vorführt, aber ohne Umschrift, die durch den, die Person begleitenden Löwen gleichsam ersetzt wird.

Nr. 71. Der Herzog, im Panzer und zurückgeschlagenen, unten von rechts nach links über die Füsse gebreiteten Waffenmantel, entblössten Hauptes mit zu beiden Seiten in schlichte Locken gelegtem Haare, sitzt auf einem Sessel, von dem nur die gebogenen, mit Perlen besetzten Füsse sichtbar sind, und hält mit der ausgestreckten Rechten den aufgeschlagenen Schweif des hinter ihm liegenden Löwen, während seine Linke dessen Hals zu umfassen scheint. Umher drei Perlenkreise wie auf Nr. 2 und 3.

Gr.: 28.   Erbstein'sche Sammlung.
Gew.: 0,74.

In Bezug auf Grösse und Silberblech, sowie hinsichtlich der 3 Kreise entspricht dieser Pfennig den vorausgegangenen Bracteaten mit Kopf und Löwen, namentlich letzteren, wie denn auch die Darstellung selbst in so fern an jene beiden Gepräge sich anschliesst, als der Herzog und der Löwe, von denen dort jeder für sich allein im Felde erscheint, hier sinnig zusammengestellt sind. — Ein Seitenstück zu dieser interessanten Darstellung lässt sich vorläufig nicht anführen; denn die allenfalls hier zu nennenden, aus dem 12. Jhdt. stammenden bayerischen Denare mit einer zwei Löwen an den Schweifen haltenden Figur (Obermaier, II. 27 u. 28., Cappe, K. M., I. Taf. IX. Nr. 135 — von Beiden in die Zeit K. Konrad's III. verwiesen), können als solches deshalb nicht gelten, weil diese Darstellung zu jenen gewöhnlichen Doppelbildern gehört, die, ebenso wie der auf der Rückseite letztgedachter Denare erscheinende Löwenkampf[?]), nach unserer Ansicht auf orientalische Muster zurückzuführen sind. Der individuelle Character unserer Vorstellung spricht unzweideutig für einen erfindenden, keinen nur handwerksmässig nachbildenden Künstler.

Hier mag beiläufig auch angefügt werden, dass der in Cappe's Münzen von Quedlinburg, Taf. VIII. Nr. 77 abgebildete und S. 58 der Aebtissin Bertrade (1270—86) zugewiesene Pfennig, soviel die Zeichnung erkennen lässt, der Fabrik nach jedenfalls an die Münzen Herzog Bernhard's v. 13. Jhdt., namentlich an unsere vorbesprochenen, sich anschliesst. Er zeigt die 3 Perlenkreise, von denen 2 auf der Kupfertafel mehr als feine Ringelkreise (wie auf unserer Nr. 1) erscheinen, und selbst das Brustbild gleicht in der Darstellung dem auf Pfennigen unseres Bernhard's; sicherlich ist es kein weibliches. Das Original, das uns nicht vorliegt, wird bei einer Vergleichung unsere Ansicht gewiss bestätigen.

Nr. 5. Dreithürmiges Gebäude. Umher die zwischen 3 Perlenkreisen stehende doppelte Umschrift: DHR — DARDVS — DVX, wovon DHR und DVX, letzteres rückläufig, die innere, DARDVS die äussere bildet.

Gr.: 24—25.   Erbstein'sche Sammlung.
Gew.: 0,7 und 0,91.

[?]) Derartige Löwenkämpfe, die in gleicher Weise auf böhmischen Münzen derselben Zeit (Lelewel, XXII. Nr. 19.), deren belebte Darstellungen überhaupt mit den bayerischen viel Aehnlichkeit haben, sich wiederfinden, kommen auf alten Wirkereien öfter vor; wir verweisen z. B. auf ein in den Mittheilungen der antiqu. Gesellschaft zu Zürich (Bd. XI. Heft 7, Jhrg. 1857) aus dem Domschatze zu Chur mitgetheiltes Muster, das auch in Bock's „liturg. Gewänder" aufgenommen worden ist.

Dieses Stück, von dem nur 2 Exemplare in unserem Funde vorkamen, ist schon von früherher bekannt. Dannenberg besprach es in den Mémoires etc. de St. Pétersbourg (VI. S. 414) bei Gelegenheit seiner Beschreibung des Rathauer Fundes, und es findet sich auch daselbst auf Taf. XVIII unter Lit. b. in Abbildung mitgetheilt. Es scheint jedoch das dort publicirte Exemplar von nicht ganz tadelloser Erhaltung gewesen zu sein, da darauf DerNardus gesehen worden. Es wäre zwar nicht unmöglich, dass zweierlei Stempel von fraglicher Münze vorhanden, auch sind wir durchaus nicht gewillt, die Existenz eines solchen Pfennigs mit N statt D ohne Weiteres in Abrede zu stellen; dieselbe in Zweifel zu ziehen veranlasste uns bei sonstiger Uebereinstimmung des a. a. O. abgebildeten mit dem unsrigen auch noch der Umstand, dass ein im königl. Münzcabinet zu Dresden befindliches, ebenfalls aus einem früheren Funde stammendes Exemplar von musterhafter Erhaltung deutlich das D zeigt.

Die Aehnlichkeit des B und D mit D haben wahrscheinlich zu der Verstümmelung des BERDARDVS Anlass gegeben. Trifft man doch derartige Verwechslungen in der Form verwandter Buchstaben häufig auf Münzen. So begegnen wir den Formen AdelDertus und Durhart im Frecklebener Funde (Stenzel, Nr. 1 u. Nr. 97), ferner dem AdelDertvs auch auf erfurter Pfennigen Adalbert's II. (Cappe, M. v. Mainz, V. Nr. 78) u. s. w.

Auf die seltsame Erscheinung einer vollständigen doppelten Umschrift und die eigenthümliche Art ihrer Anordnung hat schon Dannenberg hingewiesen. Eine doppelte Umschrift treffen wir zwar auch schon z. B. auf metzer Denaren Ludwig's III. (Cappe, K. M., III. I. 4.) und Bischof Adalbert's III. (Lelewel, Pl. XIX. Nr. 11), auf trierer Denaren K. Karl's (Cappe, I. XX. 330), auf Pfennigen Bischof Eberhard's von Augsburg (Beyschlag, Taf. II. Nr. 17.), auf regensburger Denaren K. Konrad's II. und Heinrich's (Sedlmaier, Saulburger Fund, Nr. 20 u. 21) und im 13. Jhdt. auf polnischen Münzen Boleslav's (Lelewel, Pl. XXIV. 5), doch stehen derartige Beispiele immerhin nur vereinzelt da. Was aber bei vorliegendem Stücke noch ganz besonders auffällt, ist die Vertheilung der doppelten Schrift zwischen 3 Kreise, welche Anordnung sehr an die Zeichnung der späteren Tournosen erinnert.

Wenn auch vorstehender Bracteat eben dieser seiner 3 Kreise wegen an die vorhergehenden Nummern sich anreiht, so ergiebt sich doch andererseits eine wesentliche Verschiedenheit von diesen in der Gestalt der Buchstaben; denn diese sind, im Vergleich zu denen unserer ersten beiden Pfennige, hier ziemlich breit gezogen, gedrückt, mit vielem Körper und sehr kleinen Oeffnungen, eine Eigenthümlichkeit, die der Kupferstecher, der gerade mit diesem Stücke seine Arbeit zu beginnen hatte, leider zu wenig hervorgehoben hat.

Ausser vorliegendem Gepräge ist bis jetzt nur noch ein Bracteat Bernhard's bekannt, der so, wie dieser, ein völlig allein dastehendes Gebäude trägt. Er ist etwas grösser, als hier in Rede stehender, hat eine ringsherum laufende Umschrift, von welcher aber nur auf der rechten Seite noch deutlich . . DVCIS BERN+ zu erkennen ist, und zeigt ein dreithürmiges Gebäude, mit breitem Portale, dessen stärkeren Mittelthurm eine, aus Perlen zusammengesetzte Kuppel ziert, während die etwas niedrigeren Seitenthürme mit hoch aufgesteckten Knöpfen versehen sind. Dagegen sind noch zwei zweiseitige Denare Bernhard's zu nennen, deren Rückseiten Gebände vorführen. Der eine, welcher sich im königl. Cabinet zu Dresden befindet, präsentirt im Rev., umschlossen von einem zwischen 2 Kreislinien laufenden Perleuring, ein vierthürmiges Gebäude über einem Bogen, unter welchem ein Dreiblatt. Seine Vorderseite enthält das lockige Brustbild des Herzogs, mit Schwert und Fahne, nebst der zwischen Perlenkreisen stehenden, oben beginnenden Umschrift: BER...DVS DV+ Der andere ist der bekannte, schon von v. Posern (Sachs. M. i. M.) Taf. XLVI. Nr. 16 publicirte Denar mit KOTHDH CIVITAS. Auf seiner Rückseite erscheint ein auf einem Bogen ruhendes Gebäude mit 3 Kuppelthürmen.

Nr. 6. Der auf einem, nur in den gebogenen Füssen sichtbaren Sessel sitzende Herzog, ohne Kopfbedeckung, mit kurzen, in Form von 9 Perlen dargestellten Haaren, im Harnisch, mit langem, auf der Brust durch einen Ring zusammengehaltenem, zurückgeschlagenem Waffenmantel, welcher unten wieder von links nach rechts über die Füsse gebreitet ist. Mit der Rechten hält der Herzog, schulternd, das Schwert, mit der Linken den neben ihm stehenden, von der Seite sichtbaren Schild mit verstärktem Rande und einem in der Mitte weit hervorstehenden Nabel oder Buckel. Rechts zwischen Sesselfuss und Schwertspitze: DRHB (rückwärts zu lesen), links zwischen Kopf und Schild DVX. Umher 2 Perlenkreise, von denen der äussere stärker ist.

Gr. 25. Anzeiger a. a. O., Nr. 3.

Von 3 vorgefundenen Exemplaren wog ein am Rande etwas beschädigtes (Germ. Mus.) 0,79, ein vollständiges (Erbst. Cab.) 0,945. Das dritte ist im Besitze des Herrn Dannenberg. — Von ziemlich starkem Silberblech.

Auch auf anderen Bracteaten Bernhard's finden wir so eigenthümlich versetzte Umschrift, wie hier und auf dem vorigen, in der Weise also, dass das eine Wort verkehrt, das andere hingegen richtig geschnitten ist, was jedenfalls nur der Unachtsamkeit, theilweise vielleicht auch der Ungeübtheit des Stempelschneiders zuzuschreiben ist. So führt ein Bracteat, auf dem der Herzog im lockigen (Perlen-) Haar, mit Fahne und Schwert, auf einer Bank (ähnlich unserer Nr. 29) sitzend, erscheint, die oben beginnende Umschrift: ..SVDЯAИЯƎB · DVX ⁖ . In ganz ähnlicher Weise läuft auf einem anderen, von starkem Silberblech, in der Fabrik dem oben unter Nr. 70 besprochenen gleichend, um das über einem Bogen zwischen 2 Kuppelthürmen erscheinende Brustbild, mit Perlenhaar (im Gewand, ohne Arme), zwischen Perlenkreisen, oben beginnend, die Umschrift: XVD BERDARDVS (königl. Cabinet in Dresden). Ein dritter endlich mit dem stehenden, Schwert und Kreuzstab haltenden Herzoge zeigt die oben beginnende Umschrift: o — BERИAR—OИAS—DV˙ (Saxoniae dux).

Die zwei ersteren der drei eben gedachten Bracteaten sind auch deshalb hier noch anzuziehen, weil sie ebenso wie unsere vorliegende Nummer den Herzog mit kurzen, aus Perlen gebildeten Haaren vorführen. Es sind dieses nächst einem aus dem Münzfunde bei Daelic stammenden Bracteaten (sitzender Herzog, zwischen 2 Thürmen, mit Schwert und Kreuzstab; dabei BE — RN - Grote, Münzstudien, Bd. III. Taf. 8. Nr. 29) und dem ersten der beiden, bei voriger Nummer a. E. angeführten zweiseitigen Denare, so viel uns erinnerlich, die einzigen sicheren Beispiele unter den vielen Schriftmünzen Bernhard's, die letzteren in dieser Haartracht wiedergeben, während er auf den älteren, meist noch in's 12. Jhdt. fallenden Geprägen mit der spitzen Beckenhaube, die nur einige Locken an der Seite sichtbar werden lässt, bedeckt ist, auf seinen sonstigen Münzen aber fast durchgängig mit dem langen, schlichten Haupthaare erscheint. Auf 24 unserem Funde entstammenden Pfennigen und ausserdem auf noch einigen von früherher bekannten*), wohl meist in die 2. Hälfte seiner Regierung fallenden, redenden Bracteaten ist Herzog Bernhard mit diesem herabfallenden Haare gezeichnet, so dass man nun leicht verleitet werden könnte, dies als ein wesentliches Merkmal für das Bild des Sachsenherzogs anzusehen und bei der Bestimmung der schriftlosen Münzen in's Gewicht fallen zu lassen. Dass man sich nicht so genau daran hielt, dafür sprechen unsere oben gegebenen Beispiele. Anders verhält es sich dagegen mit dem heiligen Moriz. Dieser wird als Mohrenfürst immer mit dem wolligen (Perlen-) Haar dargestellt und zwar so consequent, dass auf Bracteaten, die man im Uebrigen für Morizpfennige ansehen könnte, in der Figur der heilige Moriz nicht gesucht werden darf, sobald dieselbe schlichtes Haar trägt. Gerade dieser feststehende, aus der Natur der Sache folgende Gebrauch kann aber leicht, falls eine Uebereinstimmung der Gepräge anderer Münzberechtigter mit den magdeburgischen herbeigeführt werden sollte, veranlasst haben, auch diesen Punkt bei dem Bilde nicht ausser Acht zu lassen und so die Aehnlichkeit mit dem Heiligen zu vervollständigen. Siehe Weiteres unten bei Nr. 13.

Nr. 7. Der Herzog, mit schlichtem Haare, im Harnisch von Ringwerk, sitzt mit über die Beine gebreitetem Gewande, das den rechten Fuss sichtbar lässt, auf einem mit zierlichen Kugeln und Löwenfüssen geschmückten Sessel und schultert mit der Rechten eine kurze Fahne, während seine Linke ein Banner mit aufstehendem Schafte ergreift. Die Fahnentücher sind gegittert und dreimal gespalten. Rechts im Felde eine quadratische (etwas verschliffene) Verzierung. Umschrift, links beginnend: BE · — RDA   Das Ganze umgiebt ein Perlenrand.

Gr.: 22.   Im Besitze des Herrn Dannenberg.
Gew.: 0,785.

Dieser sehr zierlich geschnittene Bracteat von festem Silberblech ist bereits, wenn auch etwas mangelhaft, in der Numism. Zeitung, Jahrg. 1850, Taf. V. Nr. 17 abgebildet und Sp. 171 beschrieben, jedoch mit N statt D, höchst wahrscheinlich in Folge eines undeutlichen Exemplars.

Die Fahnen in den Händen des Herzogs sind jedenfalls nur als willkürliche Beigaben zu betrachten. Auf den Münzen wird mit den Bewaffnungsstücken und Attributen sehr gewechselt. Wir sehen z. B. den Herzog mit Schwert und Schild, mit Schwert und kurzer oder langer Fahne, mit Schwert, Schild und Fahne, mit Schwert und Lanze, mit Schwert und Kreuzstab, mit dem Schwerte oder Schilde allein, mit Fahne und Schild, mit Fahne, Schild und Kreuzstab, mit Scepter u. s. w. Der häufige Wechsel mit den Münzen selbst erheischte möglichst mannigfaltige Darstellungen. Dagegen hat sich bei den Siegeln hier und da eine ziemlich feststehende Vorstellung eingebürgert; die meisten Siegel zeigen, abgesehen vom Schilde, stets nur die Fahne in der Hand des Fürsten (Anhalt, Bayern, Böhmen, Kärnthen, Meissen und Thüringen, Sachsen u. s. w.), andere wieder nur das Schwert (z. B. Württemberg), nur wenige wechseln mit Schwert und Fahne.

---

*) Dazu gehört auch ein leider nur in seiner linken Hälfte auf uns gekommener Bracteat: Brustbild in schlichtem Haar, mit einer Fahne. Umschrift zwischen Kreisen: « B « E « R « N » . . . .

Ebensowenig wie die Schilde, enthalten auf Münzen Bernhard's aus unserem Funde die Fahnen Wappenzeichen. Alle sind in 4 Lappen getheilt, ihre Tücher aber theils mit zwei senkrechten Streifen, theils mit kreuzweis gelegten Strichen versehen. Das zu Seiten des Hauptes und über der Stirn mit einer Perle markirte Haar, wie es auf vorstehendem und den folgenden Pfennigen erscheint, treffen wir ebenso auf den Bracteaten Dietrich's des Bedrängten, Heinrich's des Erlauchten u. s. w. Es zieht sich diese einfache Darstellungsweise durch das ganze 13. Jhdt. hindurch. Die Perlen selbst, statt deren hin und wieder auch Ringe sich finden (z. B. auf Nr. 34 über der Stirn und auf Nr. 74 an den Seiten), sind nicht als Schmuck zu betrachten, sondern als Haarwellen, die an diesen Stellen sich bilden.

Nr. 8. Der stehende, gepanzerte Herzog, mit schlichtem Haare, schultert das Schwert und hält in der ausgestreckten Linken eine kurze, an ihrem Schafte oben und unten mit einem Knopfe versehene Fahne, deren Fahnentuch gegittert ist. Zu seinen Seiten stehen auf dem das Feld umschliessenden Perlenkreis zwei zweifenstrige Kuppelthürme. Neben dem Kopfe sind 2 Kugeln angebracht, eine dritte stösst an den Fahnenschaft an. Die Umschrift beginnt unter dem Fahnentuche: RDAR — DVS . DVX und wird von einem Kreise eingefasst, der dicht von dem aus Perlen gebildeten Hochrande umgeben wird.

Gr.: 26. Im Besitze des Herrn Dannenberg.
Gew.: 0,75.

Dieser Pfennig ist zwar auch von festem Silberblech, aber doch schwächer als Nr. 7. — Mangel an Raum rief die Abkürzung des Namens hervor; manche Künstler liebten es auch, Theile der Umschrift durch das Bild verdeckt erscheinen zu lassen. Das Weglassen von Buchstaben hatte zwar in der Regel nur am Schlusse und in der Mitte von Worten statt, jedoch fehlt es auch nicht an Beispielen dafür, dass der Anfang eines Namens verdeckt ist oder einzelne Anfangsbuchstaben nicht gegeben wurden. So sahen wir auf Nr. 3, dass das B vom Namen Bernardus weggeblieben; auf Nr. 13 und 14 fehlt das M von Mauricius; dem NVS für Stephanus begegneten wir schon oben auf mehreren aus dem Frecklebener Funde angezogenen Bracteaten, u. s. w.

Nr. 9. Der geharnischte Herzog, mit schlichtem Haar, rechts das Schwert, links eine kurze, oben und unten mit einem Knopf besteckte Fahne haltend, steht in einer aus 4 Bogen gebildeten, oben offenen Einfassung, die auf der inneren Seite mit feinen Perlen und an den hineinragenden Spitzen mit Kugeln besetzt ist. Im Felde, rechts und links vom Herzoge, erscheinen zwei in der Mitte vertiefte Kugeln. Umher 2 Perlenkreise, von denen der äussere breiter ist.

Gr.: 25. Im Besitze des Herrn Dannenberg.
Gew.: 0,825.

Dieser ebenfalls aus starkem Silberblech bestehende Pfennig giebt sich unzweideutig als eine Münze Bernhard's zu erkennen. Wegen der Darstellung des Herzogs mit Schwert und Fahne, ähnlich der auf vorbesprochener Münze, haben wir das Stück hier eingereiht. Das Fahnentuch ist mit 2 senkrechten Strichen versehen und gleicht insofern dem auf den Nummern 18, 19 und 70. Rücksichtlich der 2 Perlenkreise besteht Aehnlichkeit mit Nr. 11 und folgenden.

Nr. 10. Der zwischen 2 niedrigen, ausgeschweiften Untersätzen stehende Herzog, mit schlichtem Haar, im Panzer, schultert das Schwert und hält zur Linken den von der Seite sichtbaren Schild, der mit einem aus Stäben gebildeten Stern verziert ist. Die rechts unten beginnende Umschrift: BERD — . — ARDV' wird durch einen Perlenkreis vom Felde getrennt und ist von einem mit Perlen besetzten Hochrande umschlossen.

Gr.: 23. Im Besitze des Herrn Dannenberg.
Gew.: 0,75.

Ist auch vorliegendes Stück auf der linken Seite vom Rost etwas angegriffen, so lässt sich doch das fehlerhafte D statt D deutlich erkennen. In der Arbeit weicht es von den übrigen ab, namentlich sind die Buchstaben bei weitem nicht so zierlich, als z. B. auf Nr. 7 und 8.

Der am Ende des Namens statt S erscheinende Apostroph begegnet uns in unserem Funde ebenfalls für S auf Nr. 12 und statt X in DVX auf dem unter Nr. 50 abgebildeten Morizpfennig wieder. Auch auf anderen, schon bekannten Bracteaten Bernhard's findet er sich an Stelle des S, und zwar theils ohne, theils mit darauf folgendem Dvx. Vgl. z. B. Numism. Zeitung, Jahrg. 1859, Taf. III. Nr. 13, Sp. 173, Nr. 12 u. 13, Sp. 177. Nr. 14 und Sp. 180; Mémoires etc. de St. Pétersbourg, VI. Taf. XIX. Nr. 69; Zeitschr. f. M. S. u. W., Neue Folge, I. S. 293. Nr. 21 u. Taf. IX., sowie Nr. 20; Grote's Münzstudien III. Taf. 8. Nr. 27 u. 28. — Die Stelle des X vertritt er z. B. auf dem oben bei Nr. 6 angezogenen interessanten Pfennig, sowie auf einem Reiterbracteaten, dessen Beschreibung wir hier folgen lassen: Der Herzog, im schlichten Haar, mit Fahne und Schild, nach links reitend. Im Felde eine in der Mitte vertiefte Kugel. Vorn beginnt die Umschrift: BERDA—RDV—S . DV' (königl. Cabinet in Dresden). — BEREN—HAR'DVX treffen wir auf einem in den Mémoires etc. Bd. VI. Taf. XIX. Nr. 67 abgebildeten Bracteaten; BENHR'—DVX kommt auf dem in der Zeitschrift a. a. O. S. 294. Nr. 26 zu Taf. X publicirten Pfennig, und BERNA' auf deutlichen Exemplaren des daselbst unter Nr. 25 mitgetheilten Denars vor. Bekanntlich wird das Zeichen ' für us am Ende und con am Anfange der Worte gebraucht, doch machten mit dem ähnlichen Zeichen die Stempelschneider, wie wir eben zeigten, einen ausgedehnteren Gebrauch. Es vertritt nicht nur auf Münzen, sondern auch auf Siegeln die Stelle fehlender Buchstaben überhaupt.

Nr. 11. Der stehende Herzog, im Panzer, mit schlichtem Haar, schultert mit der Rechten das Schwert und hält links einen mit einem Stern und Nabel versehenen Schild, über welchem die Spitze eines Lilienscepters hervorragt. Rechts vom Herzoge läuft ein Stück Perlenkreis. Zwei Kreise, der innere aus starken Perlen gebildet, der äussere höher und sehr breit, umgeben das Ganze.

Gr.: 26. Anzeiger, Sp. 132. Nr. 6.
Unvollständiges Exemplar wiegt 0,625. Germ. Nationalmuseum.

Dieses sich der Arbeit nach unverkennbar an Nr. 9 und den nachfolgenden Schriftbracteaten anschliessende Stück kann unbedenklich als eine Münze Bernhard's betrachtet werden. — Ein zweites Exemplar befindet sich im Besitze des Herrn Dannenberg, ob noch mehrere im Funde vorhanden waren, ist nicht zu ermitteln gewesen.

Nr. 12. Der stehende Herzog, im Harnisch von Ringwerk, mit schlichtem Haar wie vorher, erhebt den rechten mit offener Hand dargestellten Arm, und hält mit der Linken den Schild, der mit dreifacher Einfassung, einem Stern aus Stäben und in der Mitte mit einem Nabel versehen ist. Unten, rechts neben dem Fusse, beginnt die Umschrift: BHRD—AR—DV', die durch eine feine Kreislinie vom Felde getrennt wird. Um das Ganze ein Perlenkreis, den widerum ein geperlter Hochrand einschliesst.

Gr.: 26—28. Anzeiger, Sp. 94. Nr. 4.
Gew.: 0,67—0,81; D.-G. von 6 Stücken: 0,73.

Ob der Stempelschneider durch die emporgehobene Rechte des Herzogs irgend einen wichtigen Akt hat andeuten wollen, oder ob der Darstellung überhaupt eine Bedeutung zuzuschreiben ist, muss dahin gestellt bleiben. Das in der Hand erscheinende vertiefte Quadrat ist nur als die Höhlung der Handfläche zu betrachten. Derartige Erhebung der Hand mit voller Handfläche trifft man öfter bei Darstellungen geistlicher Herrn und Heiliger, doch sehen wir ähnlich auch Markgraf Albrecht den Bären auf dem von Stenzel (Freck. F.) unter Nr. 1 publicirten Bracteaten die Hand emporstrecken.

Dass sich die Stempelschneider auch bei Darstellung der Bewaffnung und Bekleidung auf Münzen möglichst getreu an die Wirklichkeit hielten, das lässt sich namentlich an den mancherlei Veränderungen in den Schutzwaffen deutlich erkennen. Die Münzen sind daher auch für die Kostümkunde sehr lehrreich; sie geben über die kleinen Veränderungen, die in längeren oder kürzeren Zwischenräumen in dieser oder jener Beziehung stattfanden, gerade im 12. und Anfange des 13. Jhdts., der Blüthezeit der mittelalterlichen Münzstempelglyptik, mitunter mehr noch als die Siegel Aufschluss, da mit diesen nicht so gewechselt wurde, wie mit jenen, und wir nur selten mehrere Siegel eines und desselben Fürsten aus jener Zeit aufzuweisen haben, diese aber auch fast durchgängig den Siegelführer zu Pferde zeigen. In letzterer Beziehung machen neben den ältesten böhmischen und neben schlesischen Siegeln nur die Siegel der askanischen Markgrafen von Brandenburg eine Ausnahme.

Interessant ist auf unseren Münzen, namentlich der hier in Rede stehenden Nr. 12, die getreue Darstellung des Schildes damaliger Zeit, welcher in halber Manneshöhe und so gebogen ist, dass er den Körper halb umschliesst. Oben sehr breit und flach und mit abgerundeten Ecken versehen, läuft dieser Schild allmälig spitz nach unten zu; er hat fast ganz dieselbe Form, wie wir sie schon vor dem Erscheinen der langen, sog. normännischen Schilde im Gebrauch finden. Diese unsere Schildesform erhielt sich, unter mancherlei Veränderungen in Bezug auf Breite und Länge, neben den letztgedachten normännischen Schilden, gewann dann gegen Anfang des 13. Jhdts. vor diesen mehr und mehr wieder den Vorzug, bis auch sie im 2. Viertel des 13. Jhdts. durch das Aufkommen des flachen dreieckigen Schildes verdrängt ward. Getragen wurde der Schild an einem starken Riemen (Schildfessel), der von der Schulter quer über die Brust ging. — Während wir auf Bernhard's Münzen aus dem 12. Jhdt. meist den langen normännischen Schild, mit und ohne Nabel, theilweise auch mit Quer- und verzierten Schrägstreifen versehen, antreffen, zeigen seine aus gegenwärtigem Funde stammenden nur die eine, oben besprochene Form (s. Nr. 6. 11. 12. 13. 16. 26. 72. — Bei Nr. 10 fehlte für den Buckel der Raum). Auch die Verzierung ist durchgehends ein und dieselbe: aus der Mitte entwickelt sich ein Stern aus Stäben, der von einer breiten Einfassung umgeben wird, welche mit Kugeln (Nägeln) besetzt ist (Schildrand). Die Schilde waren von Holz, überzogen, gefärbt und mit metallenen Beschlägen verstärkt, deren Mittelpunkt der eiserne Knopf oder eine Spitze bildete.

Was nächst dem Schilde die Rüstung unseres Herzogs anlangt, so besteht sie in dem vollständigen, aus Leder gefertigten und mit aufgenähtem Ringwerk geschützten Anzuge. Der Panzer zerfiel in 2 Haupttheile, ein ledernes Hemd (Halsberge), auf welches Scheiben, häufiger aber Ringe in horizontalen Reihen neben einander aufgeheftet waren[9]), und die Beinbergen, die Beinbekleidung, gleichfalls von Ringwerk, an welche sich, gewöhnlich gleich unmittelbar, die langen und spitzen Schuhe (Schnabelschuhe) anschlossen. Die Streifen, die zwischen den Reihen von Ringwerk auf unsern Münzen theilweise vorkommen, scheinen Lederstreifen vorzustellen, die zum Schutze der Sehnen, mit welchen oben und unten die Ringe aufgeheftet waren, noch angebracht wurden. Auf gleichzeitigen Malereien sind diese Streifen braun colorirt. Mit dem Ringhemd stand, um Hals und Hinterkopf zu schützen, eine Kapuze, Gugel, in Verbindung, die, über den Kopf gezogen, nur das Gesicht frei liess. In dieser Weise sehen wir die Panzerkappe auf vielen Bracteaten, z. B. Zeitschrift, Neue Folge, Nr. 1. 3. 4. 5. 16. 17. 24 u. s. f. Auf unseren Münzen hat sie der Herzog nicht über das Haupt gezogen, sondern über die Schultern zurückfallen lassen. Auf der Brust war das Hemd durch einen Schlitz erweitert, der nach erfolgtem Anlegen durch Spangen geschlossen wurde; auch sicherte man diese Stelle noch durch ein besonderes Stück Ringwerk, Platte. Manchmal war das Ringhemd unten ebenfalls etwas aufgeschlitzt; so sehen wir es auf dem schönen Bracteaten Otto's von Meissen in der Zeitschrift, Neue Folge, Nr. 40. Die Hände waren durch Handschuhe gedeckt, die, als Fäustlinge, mit Ausnahme des Daumens sämmtliche Finger umschlossen und gleich an den Aermeln sich befanden, dagegen auf der nur aus Leder bestehenden Handfläche aufgeschnitten waren, um die Hand entblössen zu können, in welchem Falle sie dann von den Aermeln herabhingen. Sobald das Ringhemd nur bis an das Handgelenk reichte, wurden selbstständige Handschuhe, dann meist mit einzelnen Fingern, die durch Schuppen gedeckt wurden, getragen. Hin und wieder erscheint auch auf unsern Münzen deutlich der Herzog mit einem die Hand frei lassenden Ringhemd; es lässt sich dies sogar als die regelmässige Art der Darstellung betrachten. — Ueber die Kapuze wurde der niedrige, theils oben abgerundete, theils spitz auslaufende, mitunter, wie auch auf unseren Münzen ersichtlich, mit einem von vorn nach hinten mitten darüberhin laufenden Bügel versehene, eiserne Helm, das Bassinet, gesetzt und mit Riemen oder Schnüren[10])

---

[9]) Die geflochtenen Panzerhemden kommen erst seit der in Nürnberg i. J. 1306 erfolgten Erfindung des Drahtziehens allgemeiner in Anwendung, während früherhin, als der Draht noch geschmiedet wurde, derlei Panzergeflechte wegen ihrer Kostspieligkeit nur sehr selten getragen wurden.

[10]) Solche in Quasten oder Knoten endende Riemen sehen wir auf dem in der Zeitschrift, N. F. Nr. 33 abgebildeten Reiterbracteaten hinten vom Helm herabhängen.

aufgebunden; doch kam es auch vor, dass die Kapuze an des Helmes Rändern befestigt war[1]). Der Helm sollte nur den Oberkopf decken, das Gesicht blieb frei und wurde höchstens durch eine vorn von der Beckenhaube herabgehende Nasenspange (Nasal) etwas geschützt. Auf Nr. 17, 18, 19, 36, 51, 70, 72 und 86 begegnen wir in unserem Funde besprochener Kopfbedeckung, die auf älteren Münzen Bernhard's durchgängig und auch sonst häufig auf Bracteaten aus dem 12. Jhdt. zu finden ist. — Ueber dem Panzer trug man hin und wieder ärmellose Waffenröcke, die faltenreich lang herabhingen, bis zur Gabel vorn und hinten aufgeschlitzt waren und gegürtet wurden. Ihnen begegnen wir auf den Münzen nicht[2]), wohl aber dem weiten, den Körper umgebenden Mantel ohne Aermel, der über die Achseln geworfen und auf der Brust durch eine Spange zusammengehalten wurde. Bei den sitzend Dargestellten sehen wir ihn meist über die Füsse gebreitet. Die Mäntel waren aus kostbaren Stoffen und in der Regel mit Pelzwerk oder gestickten und gewebten Stoffen gefüttert. — Das lange und sehr breite Schwert mit glattem Knopfe und gerader Parirstange wurde in einfacher Scheide an einem Gurte oder Riemen getragen, der um den Leib geschlungen und vorn in eine Schleife gebunden wurde. Während auf den Münzen die blanken Schwerter oft erscheinen, fehlen die Scheiden, selbst auf den schönsten Bracteaten von feinster Ausführung, und nur manchmal scheint das Schwert in der Scheide zu ruhen und der Riemen um dieselbe gewunden zu sein, s. z. B. Nr. 16 u. Nr. 84. Auf gleichzeitigen Malereien sind die Scheiden schwarz und ist ein Stück des weissen Riemens um den oberen Theil so gebunden, dass es die Gestalt eines Z bildet.

Nr. 13. Vorstellung wie auf Nr. 12. Es unterscheidet sich gegenwärtiges Stück vom vorigen nur durch die Umschrift AVЯI—CIV—SD und dadurch, dass die feine Kreislinie unter den Buchstaben hier nicht anzutreffen ist.

Gr.: 26. Anzeiger, Sp. 129. Nr. 5.
Gew.: 0,69; 0,75; 0,8. Numism. Zeit., Sp. 107. Nr. 5.

Irrthümlich gaben wir in unserer ersten Beschreibung dieser Münze nach einem damals allein vorgelegenen, nicht ganz deutlichen Exemplare die Umschrift AvAicivsd an, wozu das eigenthümlich geformte, verkehrt geschnittene R beitrug. Dieses Versehen hat in der Numism. Zeitung a. a. O. bereits Berichtigung gefunden.

Grösse, Vorstellung und Fabrik stimmen bei den beiden in Rede stehenden Pfennigen (Nr. 12 u. 13) so überein, dass man im ersten Augenblicke, ehe man die Umschrift prüft, verleitet

---

[1]) Auf manchen Bracteaten erscheint der Fürst mit dem Bassinet bedeckt, doch ohne aufgezogene Kapuze, die vielmehr auf dem Rücken herabhängt. In diesem Falle scheint sie zum Befestigen (Anknüpfen oder Anhäkeln) an den Helm eingerichtet gewesen zu sein.

[2]) Ein sehr interessantes Siegel Markgraf Albrecht's des Bären (gespitzt parabolisch, an einer Urk. v. 1159) zeigt den stehenden, geharnischten Markgrafen in einem Waffenrock mit weiten, bis an die Ellenbogen reichenden Aermeln und umgegürtetem Schwerte. Er hält im erhobenen rechten Arm die lange Lanze mit in 3 Spitzen endendem Fahnentuche und legt die Linke auf den, von vorn sichtbaren, normännischen Schild (Fläche verwischt). Die sehr flach geschnittene und schwer zu lesende Umschrift befindet sich auf dem steilen Raude und lautet, oben beginnend: (?) ALBERTVS · DI · GRA · BRANDEN(?)BVRCHGENSIS O?(A)RCHIO (undeutlich).

wird, sie für ein und dieselbe Münze zu halten. Bei näherer Betrachtung findet man jedoch, abgesehen von der Verschiedenheit der Umschriften, auch einen wesentlichen Unterschied in der Form der Buchstaben, statt des wohlgeformten A ein Λ, statt des R ein misslungenes, verkehrtes R.

Die Umschrift, aus der sich leicht Mauricius dux herauslesen lässt, characterisirt nun vorstehende Münze als sog. Morizpfennig, während das Bild, wie uns ja das vorangegangene Stück unzweideutig an die Hand giebt, den Herzog Bernhard vorstellt. Es zeigt uns dieser unser Pfennig wiederum recht deutlich, welcher Mittel man sich bediente, um das Circulationsgebiet seiner Münze zu erweitern, und wie wenig der Münzbann gegenseitig respectirt wurde, der für die Berechtigten eine gute Einnahmsquelle, für den gegenseitigen Verkehr aber ungemein hemmend und drückend war. Gar vielen Münzen des Mittelalters begegnen wir, bei denen Typus und Umschrift nicht zu einander passen, sondern auf verschiedene Münzstätten hindeuten, und bei denen es nun eben deshalb zweifelhaft wird, aus welcher Münzstätte sie hervorgegangen, ob aus der, wohin der Typus, die Fabrik sie verweist, oder aus jener, für welche die Umschrift spricht. Sicherer wird man in solchen Fällen nun immer gehen, wenn man sich an die Umschrift hält und diese entscheiden lässt, da es, wollte man eine Münze einer gangbaren Sorte an die Seite stellen oder unterschieben, doch hauptsächlich darauf ankam, den Typus der letzteren zu copiren.

Es fragt sich nun also auch bei unserem vorliegenden Stücke, da Umschrift und Bild nicht zusammengehören, wer es hat ausgehen lassen, ob die Magdeburger das Gepräge des Herzogs nachgeahmt, um dadurch dieser ihrer Münze Umlauf in dem Territorium des Herzogs zu verschaffen, oder ob umgekehrt die sächsischen Münzbeamten die fremde Umschrift wählten, um dadurch diese Denare als Morizpfennige, die bekanntlich sehr beliebt waren, erscheinen zu lassen. Beide Fälle wären denkbar; schon bei unserer früheren Besprechung dieses Stückes haben wir versucht, das pro und contra zu erörtern.

Dass vorstehendes Gepräge nicht das Urstück, nach welchem erst unsere Nr. 12 geschnitten worden wäre, sondern eine Nachahmung der letzteren ist, erhellt wohl unzweifelhaft daraus, dass die Figur nicht im Geringsten an den heiligen Moriz denken lässt, vielmehr bei Vergleichung mit anderen Münzen Bernhard's unbedingt als das Bild des Sachsenherzogs sich zu erkennen giebt. Wäre unsere Münze nicht Nachprägung, sondern ein Originalmorizpfennig, so würde man eben den heiligen Moriz dargestellt und dem Bilde desselben gewiss auch eine vollständige oder doch wenigstens saubere Umschrift beigegeben haben. Abgesehen von dem Fehlen des Heiligenscheines, der hin und wieder selbst auf den sorgfältigst geschnittenen Morizpfennigen nicht vorkommt und worüber gleich Weiteres, und abgesehen ferner noch davon, dass von all den anderen dem heiligen Moriz sonst gewöhnlich beigegebenen Attributen auch nicht eines hier sich vorfindet, spricht schon das lange Haar unserer Münzfigur entschieden gegen den Heiligen. Denn gerade das ist ja, worauf schon oben einmal hingewiesen worden, für die Darstellung des heiligen Moriz auf den Münzen besonders characteristisch, dass, sobald er unbedeckten Hauptes erscheint, sein ihm als Mohren eigenes wolliges Haar durch Perlen angedeutet wurde.

Es findet sich nun zwar, wie gesagt, auf manchen Morizpfennigen der Heilige, wenn er in völliger Rüstung erscheint, auch ohne Nimbus und hin und wieder ganz wie ein weltlicher Herr

4*

dargestellt (eine Erscheinung, die bei der oft minutiösen Ausführung des Bildes nicht anders wohl sich erklären lässt, als damit, dass man durch Weglassung des Heiligenscheines, welcher dem des Lesens Unkundigen oft wohl als Merkmal und Erkennungszeichen dienen mochte, eine Uebereinstimmung mit anderer Herren Gepräge herbeiführen wollte), doch lässt sich bei Betrachtung der gewiss nicht gering zu nennenden Anzahl auf uns gekommener verschiedener Morizpfennige andererseits nicht in Abrede stellen, dass man magdeburgischer Seits, sobald man überhaupt beabsichtigte, den heiligen Moriz und nicht die Nachbildung eines anderwärts geführten Bildes auf seinen Pfennigen zu geben, sogar mit grosser Gewissenhaftigkeit darauf sah, durch klare Umschrift und Characterisirung des Heiligen als solchen, durch Schein, Perlenhaar, Kreuz, Palmzweig, das magdeburgische Originalgepräge zu kennzeichnen. Nehmen wir zur Veranschaulichung unserer Worte die Morizpfennige selbst zur Hand und theilen wir sie nach den angegebenen Richtungen in verschiedene Partieen, so erhalten wir, wenn wir schon ziemlich specialisiren, 6 Hauptclassen. Die stärkste unter ihnen enthält solche Stücke, die den Heiligen mit Nimbus und deutlicher, wenn auch hier und da abgekürzter oder von Fehlern nicht ganz freier Umschrift führen. Sie halten wir für diejenigen, die als Originalgepräge von magdeburgischer Seite ausgingen; die ihnen etwa correspondirenden Pfennige anderer Herren wären als Nachgepräge zu betrachten. Als die zweitgrösste Masse erscheinen diejenigen, die zwar keine Umschrift, aber doch den Heiligen mit Nimbus zeigen. Auch sie müssen wir vor der Hand zu jenen der ersten Classe zahlen, d. h. als Producte magdeburgischer Münzstätten betrachten, da sich darüber, was es mit den schriftlosen Bracteaten für eine Bewandtniss habe, völlig stichhaltige Annahmen noch nicht aufstellen lassen und insbesondere der Ansicht, dass in allen schriftlosen Bracteaten aus der Zeit vor der Münzverwirrung im 13. Jhdt. Nachprägungen von Schriftbracteaten zu erblicken seien, so sehr auch dieselbe theilweise durch die Münzen selbst unterstützt wird, unumstössliche Beweise doch noch nicht in dem Grade zur Seite stehen, um sie in ihrer Allgemeinheit als berechtigt hinstellen zu können. Die dritte Classe bilden die mit richtiger, Mauricius dux enthaltender Umschrift und einem weltlichen Herrn. Diese wären als solche anzusehen, bei welchen man magdeburgischer Seits Originalgepräge anderer benachbarter Münzherrn im Auge hatte und bei denen dann also das correspondirende Gepräge weltlicher Herren als das Urstück zu betrachten sein würde. Von der vierten Classe, gebildet aus denen, die mit oder ohne Umschrift den Moriz zwar ohne Schein vorführen, ihn aber doch durch seine Attribute (Kreuzstab, Palmzweig u. s. w.) als solchen kennzeichnen, könnten erstere ebenfalls als magdeburgische Originalgepräge, letztere, also die schriftlosen, wiederum als fremde Nachgepräge oder doch als solche betrachtet werden, bei welchen mit Hülfe der dem Bilde beigegebenen Zuthaten eine Aehnlichkeit mit Morizpfennigen erzielt werden sollte. Der Zahl nach unbedeutend ist die fünfte Classe, d. h. diejenigen Bracteaten, die zwar den Heiligen als solchen mit Nimbus, aber eine arg verstümmelte oder verwirrte Umschrift tragen. Sie wären als wilde Nachgepräge, theilweise von unberechtigter Hand, mitunter vielleicht auch als solche anzusehen, die von ungeschickten Eisenschneidern, Gehülfen gefertigt wurden, wenn der eine Stempel nicht ausreichte. Aehnliches gilt von der sechsten Classe, zu der sich diejenigen gruppiren, welche einen weltlichen Herrn und eine verstümmelte Umschrift zeigen, die Anklänge an die magdeburgische Legende verräth. Lassen solche Anklänge, die hier und da auch Verwendung des Mauricius dux von Seiten Fremder bekunden können, sich nicht finden, oder ist von einer Umschrift überhaupt nicht die Rede, so fällt jeder Grund weg, derartige Stücke den Morizpfennigen zuzuzählen.

Zur Prüfung dieser unserer Abtheilungen und Vermuthungen sind nicht nur grosse Collectionen von Morizpfennigen, sondern auch sorgfältige Vergleichungen dieser unter einander und mit Pfennigen benachbarter Münzherrn erforderlich; wir haben nach umfangreichen Nachforschungen für jetzt bez. fraglicher Münzgattung obige Ansichten uns gebildet, die, hier dargelegt, vielleicht Veranlassung geben dürften, jenen Punkten weiter nachzugehen, die Stichhaltigkeit unserer Annahmen zu prüfen und das Gesagte zu vervollständigen oder in dieser oder jener Beziehung zu berichtigen und zu verbessern. Die vorhandenen Beschreibungen von Morizpfennigen reichen in gar zu vielen Beziehungen nicht aus; gute Abbildungen werden mit der Zeit nachhelfen.

Unser vorliegendes Stück würde somit in die dritte der von uns aufgestellten Classen gehören, also als magdeburgische Nachprägung des vorher besprochenen herzogl. sächs. Pfennigs zu gelten haben.

Die merkwürdig genau übereinstimmende Ausführung beider Gepräge, dazu das nämliche Silberblech, kurz die auffallende Gleichheit beider Münzen bestimmte uns früher, sie als aus ein und derselben Münzstätte, und zwar aus der herzoglich sächsischen hervorgegangen zu betrachten, wobei wir die Umschrift Mauricius dux in ähnlicher Weise verwendet zu sehen meinten, wie dies bez. anderer Inschriften hier und da geschehen ist. Es schien uns also damals unser Pfennig, zumal wir in Folge eines undeutlichen Exemplares die Umschrift für eine absichtlich verstümmelte hielten, in die sechste der von uns gebildeten Classen sog. Morizpfennige zu gehören. Bei später erfolgter Vergleichung gut erhaltener Exemplare der Nr. 13 mit solchen der Nr. 12 sind wir jedoch zu der Ueberzeugung gekommen, dass die Stempel zu beiden Pfennigen nicht wohl von ein und derselben Hand geschnitten worden sein können, da, wie sorgfältig sonst auch die Manier des Eisenschneiders wiedergegeben ist, die Bildung der Buchstaben eine andere Hand verräth. Der Stempelschneider, der im Nachbilden sehr geschickt sein mochte, scheint mit den Buchstaben wenig vertraut, ja sogar, wie die nachfolgende, sicher von demselben herrührende Nr. 14 an die Hand giebt, nicht im Stande gewesen zu sein, regelrechte Buchstaben zu formen; denn auch da findet sich das characterische A und das ungestaltete R wieder. Die Umschrift ist daher zwar incorrect, aber nicht wider besseres Können verstümmelt.

So sehr wir auch früher den magdeburgischen Münzstätten, zumal ihr Geld, insbesondere die Morizpfennige gern genommen wurden und so wie so schon eine grössere Circulation genossen, das Zutrauen schenkten, dass bei ihnen der Unfug des Nachprägens wenigstens zu der Zeit nicht bestanden habe, wo diese Münzstätten noch nicht in den Händen von Pächtern waren, die besonders im Laufe des 13. Jhdts., wie anderwärts, so auch im Erzstift Magdeburg ihr Wesen trieben, — so mussten wir doch bei näherem Bekanntwerden mit gegenwärtigem Funde anderer Ansicht werden, da in Folge des Vorkommens zahlreicher mit einander correspondirender Gepräge sich herausstellte, dass auch [13]) magdeburgischer Seits nachgeprägt worden, dass ein wechselseitiges

---

[13]) Thatsache bleibt, dass im Ganzen die magdeb. Sorten weit mehr nachgeahmt wurden, als andere von Seiten Magdeburgs.

Nachprägen zwischen den herzoglichen und erzbischöflichen Münzstätten Platz gegriffen, ein Nachprägen allerdings nur in so weit, als man seine Gepräge in Form und Vorstellung denen des Andern möglichst anpasste. Denn zu der Zeit, aus welcher unsre Pfennige stammen, hielt man sich bez. des Münzens in jenen Gegenden im Ganzen immer noch in den gesetzlichen Schranken, man trieb das Nachprägen damals noch bei weitem nicht in dem Grade, wie späterhin und besonders seit der Mitte des 13. Jhdts., wo die vielerlei Verwirrungen in Deutschland Gelegenheit gaben, nicht nur fremde Gepräge in täuschendster Weise nachzumünzen, sondern sogar gleich auf fremdem Stempel und zwar viel leichter und schlechter auszuprägen. Man behielt Unterscheidungszeichen bei und so finden wir denn auch hier ein solches in dem Avricivsd, ebenso wie auf jener oben (S. 11) schon einmal angezogenen magdeburgischen Nachahmung in dem Magadeici, und auf der nachher noch zu besprechenden Nr. 14 in dem Avri, wodurch letzteres Stück von Nr. 15 sich unterscheidet. Weitere Uebereinstimmungen finden wir im Trebitzer Funde zwischen Nr. 35 und 53, wo letztere das Vorbild, zwischen Nr. 36 und ähnlichen Morizpfeunigen, wo erstere die Copie, zwischen Nr. 44 und 73, wo es zweifelhaft bleibt, wer der nachprägende Theil gewesen, Sachsen oder Magdeburg, zwischen Nr. 56 und 74, wo die sächsische Münze das Vorbild geliefert zu haben scheint, und zwischen Nr. 60 und 61, von denen wohl erstere das Urstück sein wird. Auf andere Uebereinstimmungen werden wir später noch zu sprechen kommen.

Will man noch weiter gehen, so könnte man zwar auch in Nr. 22 und 24 correspondirende Gepräge erblicken, bei denen dann Perlenhaar und Kreuzstab das magdeburgische vom sächsischen unterscheiden würden, ferner in Nr. 32 und 33, sowie in Nr. 38 und 39, wo jedesmal der Löwe die herzogliche Münze kennzeichnen würde, sodann in Nr. 40 und 41, 43 und 44, wo der statt der Umschrift angebrachte Laubrand das Nachgepräge characterisiren müsste, — doch darf man hierin nicht übertreiben und nicht Unterscheidungszeichen annehmen, wenn solche nicht deutlich auf eine andere Münzstätte hinweisen, sonst kommt man leicht dahin, den Darstellungen gar zu viel Gewicht beizulegen, und in Folge hiervon der Fabrik und anderen Gründen nach zusammengehörige Gepräge des veränderten Bildes halber, das vielleicht nur den Jahrgang kennzeichnen soll, und namentlich weil sie keine Umschrift tragen, zu trennen und in ihnen Nachgepräge aus beliebigen Münzstätten zu erblicken.

Ganz gleichen Ursprung wie Nr. 13 verräth:

Nr. 14. Ein Geharnischter, ganz ähnlich dem Herzoge auf Nr. 12 und 13, stützt den rechten Arm auf das gesenkte Schwert und hält mit der Linken einen kurzen Kreuzstab. Rechts im Felde schwebt über seinem Arme eine Lilie und links befindet sich die Beischrift AVЯI, oberhalb welcher eine feine Kreislinie hinläuft. Umher zwei erhöhte Kreise, von denen der innere schwächer und aus Perlen gebildet ist.

Gr.: 23.   Anzeiger, Sp. 132. Nr. 7.
Gew.: 0,53—0,72.   Num. Zeitung, Sp. 107. Nr. 6.
D.-G. von 8 aus 25 Stücken: 0,65.

Sowohl im Stempelschnitt, als auch in Bezug auf die Umschrift, namentlich die Bildung der Buchstaben, schliesst sich dieses Stück an das vorhergehende an. Auch hier fehlt der Anfangsbuchstabe von „Mauricius" und gerade wie dort findet sich wieder Λ statt A und das verkehrte R. Dagegen unterscheidet sich dieser Pfennig vom vorigen durch geringeren Umfang und festeres Silberblech.

Sein sächsisches Vorbild, das sich in weit weniger Exemplaren vorfand, treffen wir in:

Nr. 15. Der Herzog wie der Geharnischte auf Nr. 14. Neben seiner rechten Achsel und seinem linken Fusse befindet sich ein sechsstrahliger Stern. Umher zieht sich eine mehrmals unterbrochene, fein gezähnte Einfassung. Im Uebrigen die 2 Kreise wie vorher.

Gr.: 22.
Gew.: 0,63; 0,68; 0,69.

Die Sterne bilden hier, wie auf vorgedachtem die Lilie, ein beliebiges Beizeichen.

Der Kreuzstab in den Händen des Herzogs Bernhard kann nicht auffallen. Wir finden ihn öfter auf seinen Münzen, so auf dem zweiseitigen Denare, den v. Posern Taf. XLVI. Nr. 16 mittheilt, auf einem Schriftbracteaten aus dem Rathauer Funde (Mém. etc. de St. Pétersbourg. VI. Taf. XIX. Nr. 67), auf dem oben in der Anmerkung zu Nr. 6 als drittes Beispiel angeführten Pfennig (S. 20) und auf zwei aus dem Funde von Daelie stammenden Bracteaten (Grote, Münzstudien III. Taf. 8. Nr. 29 und Nr. 30). In gegenwärtigem Funde erscheint der Kreuzstab auf Nr. 22, in sehr hervortretender Weise auf Nr. 30 (vgl. auch Nr. 75), auf Nr. 38 und 39, in den Händen des Moriz auf Nr. 58 und 78. Leicht möglich, dass dieses Attribut erst in Folge Nachprägens, namentlich magdeburgischer Typen, auf Bernhard's Münzen übergegangen ist und sich da mit der Zeit eingebürgert hat. In der Form stimmt dieser Stab auffallend mit jenem überein, den wir in den Händen des heiligen Moriz erblicken.

Dass der Münz- oder Siegelführer sich auf das Schwert stützend vorgeführt wird, kommt nicht häufig vor; als weitere Beispiele für diese Darstellung sind anzuführen ein Bracteat ebenfalls unseres Bernhard's (Zeitschrift, N. F., Nr. 6) und die Siegel der Grafen Heinrich (1254) und Adolf (1267) von Waldeck.

Nach diesen wegen ihres Zusammenhanges mit Nr. 13 eingeschobenen Stücken wenden wir uns zu einem Pfennige, der sich in Folge der Darstellung an die vorher besprochenen anreiht, durch flaches Gepräge und feineren Stempelschnitt aber von jenen abweicht.

Nr. 16. Auf einem kleinen, flachgespannten Bogen steht der gepanzerte Herzog, im schlichten Haar. Er hält mit der ausgestreckten Rechten das in der, mit dem Wehrgehänge umwundenen Scheide steckende Schwert empor, mit der Linken den von der Seite sichtbaren Schild. Umher, zwischen zwei Perlenkreisen, eine zierliche, unten unterbrochene Einfassung, die aus neben einander gestellten, mit Knöpfen besteckten Bogen besteht.

Gr.: 24—25.
Gew.: 0,755 u. 0,71.

Das uns bei Anfertigung der Zeichnung allein vorgelegene, der Sammlung des Herrn Dannenberg entlehnte Exemplar war leider etwas undeutlich, in Folge dessen denn auf unserer Abbildung der Bogen unter den Füssen nur zwischen denselben erscheint, auch das um das Schwert gewundene Wehrgehänge sich nicht klar genug präsentirt. Die Haare des Herzogs zeigen auf dem später in die Erbstein'sche Sammlung gelangten, schön erhaltenen Stücke, nach welchem wir auch obige Zusätze geben, die 3 Perlen wie gewöhnlich. Leider konnten diese Ergänzungen, da der Druck der Tafeln schon vollendet war, in der Abbildung selbst nicht mehr angebracht werden. — Die Einfassung, wie wir sie auf vorliegendem Stücke sehen, ist ein Ornament, welches oft auf Bracteaten wiederkehrt; das Schwert in der Scheide haben wir jedenfalls auch auf Nr. 84 unseres Fundes zu erkennen; es kommt auch auf Bracteaten anderer Funde in der Hand der Dargestellten vor.

Das umwickelte Schwert erscheint bei Gerichtsscenen und Belehnungen. Auf einer colorirten Federzeichnung einer zu Bamberg befindlichen Handschrift (11. Jhdt.), welche das Leben des K. Heinrich und seiner Gemahlin Kunigunde behandelt, sitzt der König zu Gericht über letztere, die, des verbotenen Umganges angeklagt, dazu verurtheilt war, über glühende Pflugscharen zu gehen, und hier diese Probe vor ihm ablegt, indem zwei Bischöfe sie über die Eisen führen, während dessen das umwickelte Schwert hinter dem Könige emporgehalten wird (v. Hefner, Trachten, I. Taf. 42.). In dem zu Heidelberg befindlichen Pergamentmanuscript aus dem 12. Jhdt., das Konrad's Gedicht von Karl dem Grossen enthält, belehnt Karl den Roland mit Spanien mittelst Fahne und Schwert, welches umwickelt ist, während ein gleiches Schwert von einem Knappen hinter dem Kaiser gehalten wird (v. Hefner, I. Taf. 45).

Als die älteste Bernhardsmünze unseres Fundes dürfte wohl das folgende, allem Anscheine nach hier nur einmal vorgefundene Stück zu betrachten sein.

Nr. 72. Der auf einem Bogen stehende Herzog, mit spitzer Beckenhaube, im Panzer und zurückgeschlagenen, auf der Brust durch einen Knopf zusammengehaltenen Waffenmantel, ergreift mit der ausgestreckten Rechten die lange Fahne mit gegittertem, dreimal geschlitztem Tuche, und hält mit der Linken den seitwärts gekehrten Schild, der mit einem Stern aus Stäben und einem Knopf versehen ist. Rechts neben dem Fahnenschafte ein achtstrahliger Stern. Unter dem Bogen, zwischen zwei mit demselben parallel laufenden Linien, neben einander gestellte Striche. Rechts unten beginnt die durch einen Perlenkreis vom Felde getrennte Umschrift BERNAR . — . DVS . DVX die ein Hochrand von Perlen umschliesst.

Gr.: 24.   Erbstein'sche Sammlung.
Gew.: 0,85.

Von starkem Silberblech. Unseres Wissens ist dieses Stück noch nicht bekannt gemacht, obwohl es nicht zum ersten Male auftaucht, vielmehr aus früherer Zeit schon im königl. Münzcabinete zu Dresden vorliegt. — Die Form des Schildes entspricht der im Funde durchgängig anzutreffenden; der Panzer ist nicht mit Ringen besetzt, sondern streifenweise in wechselnder Richtung schraffirt, wie öfter auf älteren Pfennigen Bernhard's, z. B. auf mehreren der aus dem 1859er Funde stammenden Bracteaten. Siehe Zeitschrift, Neue Folge, Taf. IX. Nr. 15 (ein im Erbst. Cab. befindliches Stück dieses Gepräges zeigt die deutliche Umschrift BERNN—HADVS DVX) und Nr. 18 (mit BERNHADVS—DVX EST, wie ein in der nämlichen Sammlung liegendes Exemplar ergiebt) und Taf. X. Nr. 25, 26 u. 30.

Vielleicht sollte durch diese Art der Darstellung ein sog. geschobenes Ringhemd angedeutet werden. Bei ihm deckten die Ringe einer Reihe zur Hälfte die der vorhergehenden und waren diese abwechselnd einmal nach rechts, das andere Mal nach links aufgelegt — eine Vorsichtsmassregel gegen die Schwerthiebe, welche dadurch aufgefangen oder aufgehalten wurden.

Ebenfalls in nur einem Exemplare fand sich das nun folgende Stück vor, welches gegenwärtig noch im Besitze des Herrn Arnold in Wittenberg ist, der es der Stadt überweisen will, weil es als wittenberger Münze in dem dort verwahrten Urbarium abgebildet sein soll. Da uns das Stück in Folge dessen nicht überlassen wurde, mussten wir von einer Abbildung desselben absehen, was jedoch um so weniger auf sich hat, als ein ganz ähnlicher Pfennig in den Mémoires etc. de St. Pétersbourg (Bd. VI. Taf. XVIII. unter a.) in Zeichnung bereits vorliegt.

Nr. 73. Zwischen zwei niedrigen Zinnenthürmen steht der Herzog, mit langem Haar, Schwert und Fahne schulternd. Die Umschrift lautet, auf der linken Seite beginnend: BE— . RDARD

Dieser Bracteat gleicht auffallend dem unter Nr. 44 unseres Fundes abgebildeten Morizpfennige, in welchem also das correspondirende magdeburger Gepräge zu suchen ist, das sich vom sächsischen, auf welchem übrigens das Fahnentuch mehr herabhängt, durch Perlenhaar und Schein, wie durch die Umschrift OAV—RI unterscheidet.

Das in den Mémoires a. a. O. abgebildete Exemplar hat N und BE · in der Umschrift, über den Thürmen 2 Kugeln und eine weitere Kugel zwischen den Füssen des Herzogs. Obwohl unser Stück etwas verprägt war und in Folge dessen die Kugeln und Punkte verschwunden sein könnten, so hatte es doch deutlich das D.

Vgl. auch die Abbildungen höchst wahrscheinlich desselben Bracteaten in der Num. Zeit., 1836, Taf. VIII. und 1850, Taf. V zu Sp. 171. Nr. 13, auf die wir, da sie nicht ganz genau zu sein scheinen, nicht weiter eingehen wollen.

Wenden wir uns nun, ehe wir zu einer Reihe stummer Bracteaten übergehen, zu einem der interessantesten Stücke unseres Fundes, zu einem sich durch seine Umschrift unzweideutig als Münze Herzog Albrecht's, jüngeren Sohnes und Nachfolgers Herzog Bernhard's, zu erkennen gebenden Pfennig:

Nr. 17. Der Herzog Albrecht, in Panzer und spitzer Beckenhaube, stehend, schultert das Schwert, während er mit der vorgestreckten Linken eine Fahne ergreift, deren herabhängendes Tuch gegittert und dreimal gespalten ist. Rechts neben ihm erscheint ein niedriger zweifenstriger Zinnenthurm. Zwischen dem Fahnentuche und der Stange stehen die Buchstaben AB (Albertus), rechts zwischen Thurm und Schwertspitze das Wort DVX Das Ganze umschliesst ein feiner Perlenkreis und ein ziemlich breiter Hochrand, der schwache Spuren von Perlen zeigt.

Gr.: 25.   Anzeiger, Sp. 132. Nr. 8.
Gew.: 0,705.

Dieses Stück, das ebenso lehrreich als selten (es sollen nur 4 Exemplare im Funde gewesen sein), ist von sprödem, schwachem Silberblech und seinem ganzen Aussehen nach von schlechterem Gehalte, als die Münzen Bernhard's. Wir freuen uns, dass unsere im Anzeiger f. K. d. d. Vorz. über dieses Stück ausgesprochene Vermuthung Bestätigung gefunden hat; berichtigt wird dieselbe durch vorliegendes, trefflich erhaltenes Exemplar, das wir der gütigen Mittheilung des Herrn Dannenberg verdanken, nur in so fern, als nicht AD, sondern AB zu lesen ist. Immerhin haben wir es mit einer Münze Albrecht's zu thun; denn wenn auch die Abkürzung des Namens etwas sonderbar, so lässt sie doch keine andere Deutung zu; auch ist solches gleichsam monogrammatisches Zusammenstellen nicht ohne Seitenstücke. Diese Münze ist nun nicht allein deshalb wichtig, weil durch sie bewiesen wird, dass die Vergrabung unseres Schatzes nach Bernhard's Tode erfolgte, sondern auch deshalb, weil wir in ihr, als einer sicheren Münze Albrecht's, einen Anhaltspunkt für dessen Münzen überhaupt erhalten, der bisher fehlte, da eine Münze, die seinen Namen trägt, noch nicht publicirt wurde. Ein fälschlich unserem Albrecht I. zugetheilter Bracteat mit der angeblichen Umschrift Albertvs elect. d. S., die in Albertus electus zu verbessern ist, gehört dem Erzbischof Albrecht von Magdeburg an (s. Num. Zeitung, 1860, Sp. 10).

Eigenthümlich ist, dass man unter Albrecht wieder auf die ältere Darstellung mit der spitzen Beckenhaube zurückgekommen ist, nachdem sich auf den Münzen aus der zweiten Hälfte der Regierungszeit seines Vaters das entblösste Haupt bereits eingebürgert hatte. Die Stempelschneider, die bei dem häufigen Wechsel der Münzen immer auf neue Vorstellungen bedacht sein mussten, griffen eben hin und wieder bez. des Bildes auf ältere Vorlagen zurück. (Vgl. das bei Nr. 20 Gesagte.)

Obgleich nun, wie uns eben besprochenes Stück unzweifelhaft an die Hand giebt, unser Fund in die Zeit Herzog Albrecht's hineinragt und dadurch bei den nun folgenden schriftlosen Bracteaten der Zweifel entstehen könnte, ob nicht das eine oder andere Stück der als herzoglich sächsische Münze sich characterisirenden Bracteaten diesem zugehöre, so glauben wir doch die Mehrzahl derselben mit ziemlicher Bestimmtheit für die Zeit Herzog Bernhard's beanspruchen zu können.

Wir beginnen mit zweien, die zu den in diesem Funde vertretenen älteren Münzen Bernhard's zu zählen sein dürften.

Nr. 18. Der geharnischte Herzog, mit spitzer Beckenhaube, unter der einige Haarlocken hervorsehen, schultert das Schwert und hält mit der herabhängenden Linken eine aufstehende, mit einem Knopf versehene Fahne. Rechts und links im Felde je eine sternartige Rosette. Vom steifen Fahnentuche bis an den unteren Theil des Schaftes und vom rechten Fuss bis an die Schwertspitze läuft eine an den mit Perlen besetzten Hochrand sich anlehnende, aus Bogen gebildete Einfassung.

Gr.: 23.
Gew.; 0,78.

Nur in 2 Exemplaren ist uns diese Münze aus dem Funde zu Gesicht gekommen; dasjenige, welches uns bei Anfertigung der Zeichnung vorlag, war auf der rechten Seite etwas verprägt. Das Silberblech ist fest, ähnlich etwa dem zu Nr. 72 verwendeten. — Vermuthlich ist das Gepräge identisch mit dem in der Numism. Zeitung, 1850. Taf. V. Nr. 22 abgebildeten, wo es Sp. 171 unentschieden gelassen wird, ob Bernhard oder Albrecht I. darauf Anspruch habe, welcher Zweifel durch unsern Fund beseitigt sein dürfte.

Nr. 19. Der Herzog, ähnlich wie auf vorigem Stücke, schultert das Schwert und hält im gebogenen linken Arme die lange Fahne. Zu den Seiten des Bildes, ausserhalb eines Perlenkranzes, eine aus zusammenhängenden, an den Spitzen knopfartig verstärkten Bogen gebildete Einfassung, die wieder ein mit Perlen besetzter Hochrand umläuft.

Gr.: 20 und 22.
Gew.: 0,565 und 0,59.

Von feinem Schnitt und festem Silberblech, jedoch nicht so stark wie Nr. 18. Das Fahnentuch gleicht dem auf den Nummern 9, 18 und 70, sowie auf verschiedenen Morizpfennigen; es zeigt im Felde zwei senkrechte Streifen.

Nr. 20. Der stehende Herzog, entblössten Hauptes, die Haare in Form von 9 Perlen, im Panzer mit über die Achsel geworfenem, langem Mantel, hält in der ausgestreckten Rechten das Schwert, im gebogenen linken Arme die Fahne. Von der Schwertspitze bis zum rechten Fuss und vom linken bis zum Fahnentuche läuft eine aus nach innen sich kehrenden Zacken gebildete Einfassung. Umher eine feine Kreislinie und um diese wiederum 2 Perlenkreise, von denen der äussere stärker ist.

Gr.: 25—26.   Anzeiger, Sp. 133. Nr. 9.
Gew.: 0,65—0,82; D.-G. von 8 Stücken: 0,73.   Num. Zeit., Sp. 107. Nr. 4.

Dieser Pfennig war in ziemlicher Anzahl (wir haben von 25 Stücken nur die ganz tadellos erhaltenen gewogen) im Funde vertreten, es muss seine Ausprägung also der Zeit der Vergrabung nicht gar zu ferne liegen. Characteristisch ist für ihn und für eine ganze Reihe der folgenden Gepräge die aus einem Cirkel und 2 Perlenkreisen bestehende Einfassung. Wir finden sie wieder auf den Nummern 22, 23, 24, 28, 29, 30, 31, 32, 33, 74 und 75. Obgleich unter sich sowohl im Silber als auch in der Grösse etwas abweichend, ist doch bei allen die sächsische Fabrik unverkennbar. Könnte man vielleicht auch durch ebenberührte zahlreiche Vertretung im Funde und durch die Aehnlichkeit der Fahne mit der in den Händen Albrecht's auf Nr. 17 verleitet werden, Nr. 20 dem Herzog Albrecht zuzutheilen, so spricht doch gegen diese Vermuthung einestheils die verhältnissmässige Stärke und augenscheinliche Güte des Silberblechs, das im Ganzen dem der Nr. 1—3 gleichkommt, anderntheils, was die Zeichnung der Fahne anlangt (die allein durchaus nicht entscheidend sein würde und übrigens auch ähnlich auf Bernhard's Münzen erscheint, s. z. B. gleich Nr. 72) der Umstand, dass die ganze Darstellung auf vorliegender Münze einer fremden entlehnt ist, die wir deshalb auch, der besseren Vergleichung halber, auf der Kupfertafel zunächst haben folgen lassen (s. Nr. 21), während wir ihrer in unserem Texte eingehender erst später gedenken können. Es geht aus diesen beiden Stücken deutlich hervor, dass man schon vorhandene Darstellungen nicht allein des Vortheils wegen, d. h. deshalb copirte, um seine Gepräge für fremde gelten zu lassen, sondern auch lediglich des Bildes, der Composition wegen zur Vorlage nahm. Manche Eisenschneider mochten vielleicht nicht bewandert genug sein, ohne gleichsam greifbares Vorbild arbeiten zu können, solchen mag daher wohl der Münzmeister passende Vorlagen gegeben haben; manchmal war man vielleicht auch wegen des häufigen Wechsels um neue Bilder in Verlegenheit und griff deshalb auf ältere zurück. So sehen wir auch, dass Bilder von zweiseitigen

Denaren auf Bracteaten übertragen wurden, und umgekehrt. Schon aus diesem Grunde darf man nicht zu viel Gewicht auf die Bilder legen. Bei Bestimmung von stummen Münzen kann die Vorstellung an und für sich in den seltensten Fällen entscheiden, nur unter gleichzeitiger Berücksichtigung der Fabrik kann sie zur Entzifferung solcher Münzen führen; ja selbst die Fabrik kann nicht immer entgültig entscheiden, da auch sie häufig nachgeahmt wurde. Auf keinen Fall darf man bei Beurtheilung stummer Münzen die Gegend ausser Acht lassen, in der sie in grösseren Partieen und öfter zum Vorschein kommen; denn dies ist der sicherste Anhaltspunkt.

Unverkennbar zu einander gehören folgende 3 Gepräge, die wir, nach Vorausschickung ihrer Beschreibung, denn auch gemeinsam besprechen wollen:

Nr. 22. Ein sitzender weltlicher Herr, im Panzer, mit auf der Brust befestigtem, über die Achseln geworfenem und von rechts nach links über den Schooss gebreitetem Waffenmantel, schultert mit der Rechten das Schwert und hält in der Linken einen in ein Kugelkreuz endenden Stab. Sein Haupt ist entblösst und zeigt die aus Perlen geformten Haare. Von der Mitte der Schwertklinge und des Kreuzstabes aus umgiebt das Bild unten herum eine Einfassung, welche aus zwei durch einen Bogen verbundenen Winkeln gebildet wird und auf der inneren Seite mit feinen Perlen besetzt ist. In den Winkeln zwei Sterne, von denen der rechts kleiner als der andere ist. Umgeben wird das Ganze von einem Kreise und zwei hohen Perlenrändern.

Gr.: 26. Anzeiger, Sp. 167. Nr. 11.
Gew.: 0,76 und 0,845.

Nr. 23. Wie Nr. 22; nur fehlen die 2 Sterne.
Gr.: 24—26.
Gew.: 0,655—0,81; D.-G. von 5 Stücken: 0,73.

Nr. 24. Der geharnischte Herzog, mit schlichtem Haare und vom linken über das rechte Bein geschlagenem Gewande, sitzt in einer ähnlichen, mit Perlen besetzten Einfassung, die jedoch zu den Seiten ihn vollständig umschliesst und aus zwei Winkeln besteht, an welche sich oben und unten ein Stück Bogen anschliesst. Mit der Rechten schultert er das Schwert, in der herabhängenden Linken hält er ein sehr kurzes Lilienscepter oder eine Blume. Im Uebrigen die 3 Kreise, wie vorher.

Gr.: 26. Anzeiger, Sp. 167. Nr. 12.
Gew.: 0,82 und 0,835.

Sowohl in der Grösse, als auch im Silber und Stempelschnitt stimmen obige 3 Pfennige mit dem unter Nr. 74 abgebildeten und gleich nachher zu besprechenden Schriftbracteaten Herzog Bernhard's überein.

Wollte man, in Hinblick auf die bei Besprechung der Nr. 12 und 13 und der Nr. 14 und 15 gewonnenen Resultate, in den ersten beiden der drei hier in Rede stehenden Stücke dem dritten, unzweifelhaft sächsischen, correspondirende magdeburger Gepräge suchen, da das wollige Haar und der Kreuzstab die Figur als den heiligen Moriz characterisire, so würde man wohl zu weit gehen und zu viel Gewicht auf Attribute legen, die an sich nicht entscheidend sein können. Dass der Herzog Bernhard auch im Perlenhaar erscheint, dafür wurden schon oben bei Nr. 6

Beispiele angeführt, und dass der Kreuzstab gerade so, wie hier, auch anderwärts in der Hand des Herzogs vorkommt, haben wir bereits bei Nr. 15 gezeigt. Da Merkmale, die mit Bestimmtheit auf eine andere Münzstätte hinweisen und insbesondere die Annahme gerade der magdeburger Officin rechtfertigen, hier nicht vorhanden sind, so ist es wohl rathsamer in Anbetracht der übereinstimmenden Fabrik und des gleichen Fundorts diese drei Gepräge mit der redenden Nr. 74 in Verbindung zu lassen.

Ganz ähnlichen, aus Winkeln und Bogen gebildeten Einfassungen, wie auf vorstehenden drei Nummern begegnen wir mehrfach auf den im Jahre 1852 zu Nasseböhle bei Dresden aufgefundenen Bracteaten. (Vgl. z. B. die aus diesem Funde in der Numism. Ztg., 1854. Taf. III. Nr. 122 und Taf. IV. Nr. 125 abgebildeten Stücke, welche dort ebenfalls unserem Herzoge Bernhard zugetheilt werden.)

Wir wenden uns nun zu dem bereits gedachten, mit den letzten Nummern in enge Beziehung gebrachten Schriftbracteaten Bernhard's, den wir erst nachträglich aus dem Funde erlangten:

Nr. 74. Das Brustbild des Herzogs, mit schlichtem Haare, im Gewande (ohne Arme), umgeben von einer aus 6 Bogen gebildeten, sternartigen Einfassung, die an ihrer inneren Seite mit Perlen, an ihren auswärts gekehrten Spitzen dagegen mit je einem Ringlein besetzt ist. Aussen, in den Bogen vertheilt, oben links beginnend: B—E—R—D—A—R — Ein Kreis und zwei geperlte Hochränder umschliessen, wie vorher, das Ganze.

Gr.: 26.   Erbstein'sche Sammlung.
Gew.: 0,81.

Vorstehende Münze ist schon publicirt; zuerst wurde sie aus dem gothaischen Cabinet durch Leitzmann gelegentlich seiner Zusammenstellung der bekannten Bernhardsmünzen (Num. Ztg., 1850. Taf. V. Nr. 19.) in Abbildung gegeben, aber wohl irrig mit N, statt des characteristischen D, und sodann aus jetzigem Funde in der Num. Ztg., 1863, Sp. 108. Nr. 10 (richtig mit D) beschrieben. Da eine genügende Zeichnung dieser interessanten Münze noch fehlt, haben wir sie auf unserer Nachtragstafel stechen lassen.

Die Art und Weise der Vorstellung, die Einfassung und die um selbige vertheilte Umschrift, stellen unseren Bracteaten dem unter Nr. 56 abgebildeten Morizpfennig an die Seite, bei dem nur die Bogen statt nach aussen, wie hier, nach innen gekehrt sind.

Es scheinen von dieser Nummer nur 3 Exemplare im Funde gewesen zu sein; aus früherer Zeit befindet sich ein solches im königl. Cabinet zu Dresden.

Nr. 25. Ein frei sitzender weltlicher Herr, mit schlichtem Haar, im Gewande, hält rechts ein Lilienscepter oder einen Kreuzstab (mehr wohl ersteres), links einen Reichsapfel. In der Gegend des Halses erscheint ein Ring zum Zusammenhalten des Mantels. Ausserhalb eines Kreises der mit Perlen besetzte Hochrand.

Gr.: 24—25.
Gew.: 0,63—0,675.

So viel uns bekannt, enthielt der Fund von diesem Pfennige nur 2 Exemplare, von denen das eine in die Dannenberg'sche, das andere in die Erbstein'sche Sammlung gelangt ist.

Die Fabrik weicht sichtlich von der unserer übrigen Münzen ab; allenfalls wäre in dieser Beziehung Aehnlichkeit mit Nr. 34 vorhanden. Wir finden das glatte, geschmeidige Silberblech und auch im Stempelschnitt die abgerundeten Formen, wie bei gleichzeitigen Bracteaten thüringer Herkunft, von denen vorliegender aber wieder in der Grösse völlig abweicht. Der sächsische Ursprung ist zweifelhaft, jedoch gerade kein Grund vorhanden, ihn ganz zu verneinen. Vielleicht hat ein in Thüringen geschlagener Bracteat mit dem Bilde des Königs, dem dann auch die Attribute (Scepter und Reichsapfel) entlehnt sein würden, als Vorbild gedient.

Nr. 26. Der auf einem mit Kugeln verzierten Sessel sitzende Herzog, mit schlichtem Haare, im Panzer, die Füsse mit dem Mantel bedeckt, hält rechts, etwas vor sich, das an die Schulter gelehnte Schwert und links den Schild, über welchem eine Fahne hervorragt. Zur Rechten auf einem geschweiften Maueruntersatze ein zweifenstriger, mit einem Knopf besteckter Kuppelthurm. Der Hochrand ist mit Perlen besetzt.

Gr.: 26. Num. Zeitung. Sp. 107. Nr. 3.
Gew.: 0,77.

Von festem Silberblech. — Obgleich bei diesem Pfennige, der in einigen Exemplaren auftauchte, der sächsische Ursprung gewisser, als bei eben besprochenem (auch in der Num. Ztg. a. a. O. wird er für Bernhard beansprucht), so weicht doch auch er in der Fabrik von den anderen Münzen Bernhard's ziemlich ab. Einige Stellen, besonders das Knie des linken Beines und die Ecke des Schildes ragen stark hervor; auch die Brust ist hoch gewölbt. — Der Schild entspricht, seiner Form nach, denen auf den Bernhardsmünzen; das Fahnentuch ist mit einem senkrechten Streifen versehen und dreimal gespalten.

Von ungemein zierlichem Stempelschnitt ist:

Nr. 27. Ein Geharnischter, mit über den Schoos gelegtem Gewande, die lockigen Haare in Form von Perlen, hält in jeder der ausgestreckten Hände eine kurze Lilie und sitzt, ohne dass ein Sessel sichtbar ist, in einer aus 4 Bogen gebildeten Einfassung, die an der inneren Seite mit feinen Perlen besetzt ist und deren 4 einwärts gekehrte Spitzen in je eine in der Mitte vertiefte Kugel enden. Zwischen den Füssen befindet sich ein runder Gegenstand, wahrscheinlich ein Fussschemel. Ausserhalb der Einfassung, in deren Winkeln, 4 Ringel. Umher ein Perlenkreis und an der inneren Seite des ablaufenden, auf der Höhe ebenfalls mit Perlen geschmückten Hochrandes eine aus sehr kleinen, an einander gestellten Quadraten oder Ringlein gebildete Verzierung.

Gr.: 29. Im Besitze des Herrn Dannenberg.
Gew.: 0,755.

Dieser Pfennig ist von dünnem Silberblech, zartem Schnitt und von so zierlicher Ausführung, dass er mit als der schönste im Funde bezeichnet werden kann. Auch ihn möchten wir für Sachsen beanspruchen, wenngleich er auch aus einer anderen Münzstätte, vielleicht aus der aschersleber Münze hervorgegangen sein könnte, wo in Folge der Nähe Halberstadts und Magdeburgs zierlichere Stempel gefertigt werden mochten, wie denn auch die ganze Münze sich mehr den in dieser Gegend gangbaren Sorten anzuschliessen scheint.

Aehnliche Lilien, wie hier, treffen wir in den Händen der Könige auf einigen Bracteaten; wahrscheinlich ist Königsmünzen das Motiv entlehnt worden.

Von diesen, der Darstellung wegen hier eingeschobenen, der Fabrik nach nicht zu den vorangegangenen gehörenden drei Geprägen wenden wir uns nun zu einer Reihe von Münzen, die durch ihre characteristischen 3 Einfassungskreise mit einander verwandt sind und an die Nummern 20, 22 bis 24 und 74, bald mehr, bald weniger eng, sich anschliessen.

Nr. 28. Der auf einem breiten, bogenförmig durchbrochenen Unterbau sitzende Herzog, mit lockigem Haar, im Panzer, mit über den Schoos gebreitetem Gewande, hält mit beiden Händen quer vor sich das Schwert. Ueber seinem Haupte erscheint ein aus unregelmässigen Kugeln gebildeter Halbkreis, bei dem rechten Arme ein zweifenstriger, mit einem Knopf versehener Kuppelthurm und ein gleicher über der Schwertspitze. Unten, zu den Seiten des Bogens, sind 2 Ringlein angebracht, sowie zwischen den Füssen ein Fusskissen (?). Umher ein Cirkel und 2 Perlenkreise.

Gr.: 30.
Gew.: 0,58 und 0,65.

Eigenthümlich ist der das Haupt umgebende Kugelkranz, bei dem an einen Heiligenschein nicht zu denken ist. Ob diese Umgebung des Kopfes nur eine Verzierung ist, oder in Beziehung zu der Darstellung steht, eine Laube, Gerichtslaube andeutet, muss dahin gestellt bleiben. Dass der fragliche Kranz, nach Art des byzantinischen Styls, als Zeichen des Herrschers gebraucht worden sei, lässt sich schwerlich annehmen. Eher könnte er eine Mauer vorstellen sollen, die mit den hinten stehenden Thürmen in Beziehung zu bringen wäre und nur aus Mangel an perspektivischer Zeichnung so über dem Kopfe erscheint. Der Gegenstand zwischen den Füssen, der an den ähnlichen auf Nr. 27 erinnert, dürfte wohl nur einen Fussschemel andeuten sollen.

In gewisser Beziehung ähnelt dieses Stück auch der oben besprochenen Nr. 71, wie schon ein Blick auf die Abbildungen beider erkennen lassen dürfte.

Häufig trifft man im Mittelalter die Darstellung eines Sitzenden oder Stehenden mit querüber gelegtem oder schräg vorgehaltenem Schwerte; sie kommt selbst noch auf Münzen späterer Zeit, so auf den Goldgulden von Zürich (vgl. Zeitschrift, N. F., Taf. V. Nr. 415) vor, deren Vorstellung dem steinernen Bilde am Thurme des Münsters zu Zürich entlehnt ist, das zwar für jenes Karl's des Grossen gilt, aber Friedrich Barbarossa's Zeit angehört. Dieselbe Darstellung wurde auch auf einem Halbbracteaten des 12. Jhdts. (Meyer, die Denare und Bracteaten der Schweiz, Taf. V. 39) gesehen, jedoch bemerkt Meyer mit Recht, dass nur ein undeutliches Exemplar Veranlassung zu einem Phantasiebild gegeben habe. Dagegen erscheint auf dem gespitzt parabolischen Siegel des Dompropsts Kraft von Toggenburg von Zürich (Urk. von 1338), mit der Umschrift: ✠ S. Kraftonis d' Toggebch ppositi eccl. thvr, der sitzende gekrönte König mit dem Scepter und quer über den Schoos gehaltenem Schwerte. — An Münzen, die diese Vorstellung tragen, führen wir noch an: a) einen Bracteaten Herzog Bernhard's mit der Legende Bernhardvs ego (Zeitschrift, N. F., Taf. IX. Nr. 16 zu S. 293; Num. Ztg., 1859, Sp. 171. Nr. 6); b) einen anderen, eher auch Bernhard von Sachsen, als Otto II. von Brandenburg zugehörigen stummen Pfennig aus dem Funde von Daelie (Grote, Münzstudien, III. Taf. IX. Nr. 42 und Köhne's Zeitschr. I. S. 354. Nr. 12); c) folgenden Bracteaten Bernhard's: Stehender Herzog, mit der Beckenhaube, im rechten Arme die Fahne, das Schwert mit beiden Händen schräg vor die Brust haltend. Unten rechts ein Thurm, links der von der Seite sichtbare, mit einer netzartig gegatterten Binde (vgl. unsere Nr. 47) bezeichnete und mit einem Buckel versehene Schild. Im Felde rechts B, links oben DVX, worunter eine Rosette; d) einen Bracteaten Dietrich's von Werben (Stenzel, Fund v. Freckleben, Taf. I. Nr. 10); e) einen Bracteaten Dietrich's des Bedrängten von Meissen: Sitzender Markgraf, mit Perlenhaar, das Schwert mit der Rechten vor sich haltend, im rechten Arme die Fahne. Links ein Reichsapfel; Umschrift: T—ϾO—DЄR; f) die ebenfalls Dietrich dem Bedrängten angehörenden schriftlosen Stücke in Seeländer's X Schriften (zu S. 17, Nr. 9 und 10), die sich neuerdings im Dippoldiswaldaer Funde wieder vorfanden und von Seeländer fälschlich „askanisch-brandenburgische" genannt werden; g) den unter Nr. 84 abgebildeten Bracteaten unseres Fundes; h) einen kleinen Pfennig Ulrich's von Wettin aus dem Nasseböhler Funde (Num. Ztg., 1854, Taf. V. Nr. 155 zu Sp. 20); i) einen Bracteaten nach Art der peganer Münzen, aus dem Anfange des 13. Jhdts. (v. Posern, Taf. XLIII. Nr. 16 zu S. 303. Nr. 1159); k) anhältische Bracteaten aus der Zeit Heinrich's II. (Schönemann, z. vaterl. Münzkunde, S. 48 und Taf. IV. Nr. 26), mit denen l) der in der Numism. Ztg., 1850, Taf. V. Nr. 31 den Herzögen Bernhard oder Albrecht von Sachsen zugewiesene in der Vorstellung die grösste Aehnlichkeit hat, nur dass bei diesem der äussere Rand noch mit Perlen besetzt ist; m) mehrere Morizfennige (Leukfeld, Nr. 17; Mader, II. Versuch, S. 54; Num. Ztg., 1860, Sp. 52; Münzstudien, III. Taf. 10. Nr. 55 u. 61 u. s. w.); n) Denare von König Friedrich I. (Cappe, K. M., III. Taf. IV. Nr. 48); o) brandenburger Denare vom 12. zum 13. Jhdt. (Weidhas, Taf. II. 9); p) würzburger Pfennige v. 13. Jhdt.; q) polnische Denare von Boleslaus (Lelewel, Pl. XXIV. Nr. 8, Mikocki, Catalog, Nr. 95 ff.); r) Münzen von Stephan II. (1224—30), III. (1257—72) und V. (1275—1321) von Servien (Mémoires etc., II. Taf. XIII. Nr. 5, 6 und 9, Taf. XIV. Nr. 12) u. s. w. — Zwei Brustbilder über einem quer gelegten Schwerte zeigen kleine (brandenburger?) Bracteaten in Köhne's Zeitschr., III. Taf. X. Nr. 11.

Man bezieht diese Art der Darstellung auf die Gerichtsbarkeit, das Oberrichteramt, und nimmt sie auch als Zeichen der vogteilichen, also richterlichen Gewalt. Dafür spricht auch die Sphragistik, indem die königlichen Gerichtssiegel den König mit dem in der Hand gehaltenen, quer liegenden Schwerte vorführen, so das Hofgerichtssiegel Karl's IV., das Laudfriedenssiegel Wenzel's, die Hofgerichtssiegel Rupert's, Sigismund's und Friedrich's III. Das „S. heinrici domini de ysenburg ad causas" an Urkunden aus der Mitte des 14. Jhdts. (1356, 1360) zeigt den Siegelführer in ganzer Figur, mit Helm und Schild, das Schwert mit beiden Händen quer vor sich haltend.

Hierher sind auch diejenigen Stücke zu zählen, die 2 Köpfe zu den Seiten eines aufrechtgestellten Schwertes vorführen. Ein Bracteat thüringer Fabrik, vom Ende des 13. Jhdts., der erstmals in den Blättern für Münzkunde, I. Taf. 23 unter 304 abgebildet und in Nr. 33 gedachter Zeitschrift, 3. Seite, von v. Posern nach Nordhausen verwiesen wurde, zeigt unter einer Krone ein aufrechtstehendes Schwert, zu dessen Seiten rechts ein gekröntes und links ein mit einem (runden) Hute bedecktes Brustbild sich findet. Letzteres möchte v. Posern für das des Landgrafen Albrecht des Unartigen ansehen, dem um 1291 die Stadt Nordhausen verpfändet worden. Cappe (K. M., II. Taf. XVIII. Nr. 193) theilt dasselbe Gepräge mit und verlegt es, ohne der bereits vorhandenen Besprechung in oben angezogener Zeitschrift zu gedenken, irrthümlich unter K. Friedrich II. Das „mit einem spitzen Hute" bedeckte Brustbild links hält er für das eines Vogtes. Auf der von Cappe a. a. O. gegebenen Abbildung aber, die nach einem schärferen Exemplare hergestellt worden zu sein scheint, als oben erwähnte, ist deutlich auf dem Haupte des links stehenden Brustbildes ein Judenhut zu erkennen, ein runder Hut mit einer Spitze, worauf ein Knopf. Mit dieser für die Darstellung von Juden im Mittelalter so characteristischen Kopfbedeckung kann weder ein Landgraf, noch irgend ein Vogt gemeint sein, sie zielt allein auf einen Münzpächter[14]) oder Münzmeister, mit welchem der König, als der Richter, und das Schwert, als Zeichen der richterlichen Gewalt, sehr gut in Zusammenhang zu bringen sind. — Weiter treffen wir goslarsche Bracteaten vom 13. Jhdt. mit dem Schwerte zwischen den gekrönten Köpfen der Heiligen Simon und Judas (Schönemann, z. vat. Münzk., Nr. 12 und 16; Cappe, M. v. Goslar, S. 58, Nr. 220 und 221), mit deren Darstellung die des höchst interessanten SIGILLVM . ΟΡΟΝΕΤΑRΙΟRVΟ . DΕ . GOSLARIA✤ (13. Jhdt.) auffallend übereinstimmt. Das auf diesem Siegel so in den Vordergrund gestellte Schwert ist sehr bezeichnend und fordert auf, auch bei den Vorstellungen auf Münzen, wo das Schwert eine bedeutungsvolle Rolle spielt, speciell an das Richteramt, das Gericht über die Münzer zu denken.

Es schliesst sich an:

Nr. 29. Der geharnischte Herzog, in blossem Haupte mit lockigem Haar, sitzt, den Waffenmantel von links nach rechts über die Beine gebreitet, auf einer Bank und schultert das Schwert, während er die Linke in die Hüfte stemmt. Links neben ihm erhebt sich hinter dem Sitze ein kleiner, mit einem Knopfe versehener Kuppelthurm. Ein Cirkel und zwei Perlenkreise umschliessen das Ganze.

Gr.: 24.   Anzeiger, Sp. 167. Nr. 10.
Gew.: 0,79. (3 Exemplare.)
Ist von ziemlich starkem Silberblech.

Nr. 30. Zu den Seiten eines auf einem giebelförmigen Untersatze stehenden Kreuzstabes oder erhöhten Kreuzes rechts das Brustbild des Herzogs, von vorn, entblössten Hauptes, die Haare in Form von Perlen, im Gewande, das Schwert schulternd (ohne dass die Hand sichtbar ist), links ein aufrechtstehender, dem Kreuze zugewendeter Löwe. Umher die 3 Kreise wie vorher.

Gr.: 23—24.   Königliches Cabinet in Berlin.
Gew.: 0,53—0,84.   Erbstein'sche Sammlung.
D.-G. von 5 Stücken: 0,7.

---

[14]) Als Nordhausen zur Reichsstadt erhoben wurde, behielt sich der König neben anderem auch die Münze vor, die wahrscheinlich im Laufe des 13. Jhdts. verpachtet war, obgleich bestimmte Nachrichten darüber nicht vorhanden sind. — Dies für den Fall, dass man bei der v. Posern'schen Zutheilung stehen bleiben will.

Von diesem seltenen Pfennig mit so interessanter Darstellung fanden sich nur 6 Stück im Funde vor; sie sind von schwachem, glattem Silberblech. Auf allen Exemplaren zeigen sich im Felde rechts, über und neben dem Kopfe, Erhöhungen, die in Unebenheiten des Stempels ihren Grund haben.

Wohl dürfte man berechtigt sein, in dieser Darstellung einen Hinweis auf Bernhard's Eigenschaft als Schutzvogt eines Klosters zu erblicken; schützend, gleichsam auf der Wacht liegend, erscheint er mit dem Schwerte in der Hand neben dem Heiligthume, von dem Löwen, seinem Attribute, begleitet. Nach unserer schon oben bei Nr. 3 näher ausgeführten Ansicht liegt allen den auf Bernhard's Münzen vorkommenden Löwen ein und derselbe Gedanke zu Grunde. Will man sich jedoch damit nicht einverstanden erklären, so könnte man in der Art und Weise, wie er sowohl auf vorliegendem Stücke, als auch auf den beiden folgenden Nummern (Nr. 31 und 32) angebracht ist, eine passende Erklärung im Bereiche der christlichen Symbolik des Mittelalters finden. In die Physiologen und Bestiarien, in denen die zoologische Anschauung des Alterthums mit der christlichen Lehre verwebt, die Natur letzterer an die Seite gestellt wurde, war unter anderen auch die Sage, dass der Löwe mit offenen Augen schlafe, übergegangen und dieser Zustand als Bild des todten und doch lebenden Christus aufgefasst worden. Aus dem Glauben an die mystische Eigenschaft des Löwen schöpfte die christliche Kunst. An den Portalen romanischer und frühgothischer Kirchen (10—13. Jhdt.), nicht nur in Deutschland, sondern auch in Italien, dem südlichen Frankreich und anderwärts, sind Löwen eine ziemlich gewöhnliche Erscheinung; man trifft sie da, wenn auch meist in liegender Stellung, entweder als Träger der Säulen, oder vor den Basen ruhend, oder auf den Deckplatten der Portalsäulen. Sie sind die Träger und Wächter des Heiligthums (G. Heider, Ueber Thier-Symbolik, S. 34):

> Est leo, sed custos, oculis quia dormit apertis
> Templorum idcirco ponitur ante foras. (Alcyat.)

(Didron, Histoire de Dieu, p. 58).

Bernhard war nun unter anderem Advocatus des Klosters Nienburg, welche Advocatie auf ihn nach Markgraf Albrecht's des Bären Tode übergegangen war. Er erscheint in dieser seiner Eigenschaft mehrmals in Urkunden, so in einer v. J. 1180, einen Tausch des Klosters mit der Marienkirche zu Magdeburg betreffend (Beckmann, Anh. Hist., I. S. 439), einer weiteren v. J. 1185, da Erzb. Wichmann von Magdeburg die in der Lausitz gelegenen Güter mit anderen, näheren, für das Kloster Nienburg vertauscht (Beckmann, I. S. 440), und einer solchen v. J. 1194, als Abt Siegfried von Hersfeld wegen der Advocatie zu Scabitz sich mit dem Herzoge Bernhard verglich (Beckmann, I. S. 441).

Mehrfach trifft man noch die Ansicht verbreitet, dass den Vögten [15]) (wir sprechen nicht von Reichsvögten) kraft ihres Amtes ein Recht an der Münze zugestanden habe und dieselben das

---

[15]) In Betreff des Verhältnisses der Advocati zur Kirche ist vorerst zu unterscheiden zwischen den Schirmvögten und den Dingvögten. Die Thätigkeit des Schirmvogts, des Vertreters des Königs als des obersten Schirmherrn, war nur auf gewaffnete Schutzertheilung gerichtet; ihm war daher auch die Mannschaft des Stifts oder Klosters

Münzrecht entweder in Gemeinschaft mit der Kirche oder gar allein ausgeübt hätten. Dies beruht jedoch auf Irrthum. Allerdings geschah es sehr häufig, dass die Vögte, wo sie ihre Rechte zu erweitern suchten, ihr Augenmerk besonders auch auf Markt und Münze, als ergiebige Einnahmsquellen, richteten und diese der Kirche dadurch schmälerten, dass sie in der Nähe Münzstätten errichteten, den Typus der geistlichen Münzen nachahmten und im Stifte selbst Wechselbanken hielten, in welchem Falle dann Kirchen, die mächtigen Vögten nicht mit dem gehörigen Nachdruck entgegentreten konnten, wohl gezwungen waren, auf Vergleichsweg Concessionen zu machen, Quoten an dem Ertrage der Münze den Vögten einzuräumen, die Münze als gemeinschaftlich anzusehen u. s. w., jedoch ein aus der Vogtei herfliessendes Recht hatten die Advocati nicht: nur im Wege der Gewalt, des Vertrags oder Auftrags, Lehens hatten sie Antheil an Markt und Münze. Dagegen stand ihnen die Gerichtsbarkeit, demnach Aufsicht über die Münzer zu [16]), welche Befugniss freilich oft gemissbraucht werden mochte und daher von der Kirche zu beseitigen gesucht wurde.

Was nun das von Thangmaresfeld (Tagmersfeld) nach Nienburg an der Saale verlegte Kloster betrifft (Bestätigungsbrief K. Otto's II. v. 975; Original im germ. Museum), welches schon von K. Otto III. im Jahre 993 die Erlaubniss erhielt, in Hagenrode eine Münze zu errichten [17])

untergeordnet. Ihn bestellte der König, doch wurde späterhin die Wahl meist der Kirche überlassen, auch gestaltete sich diese Vogtei zu einem erblichen Amte. Gewisse jährlich wiederkehrende Geschenke, Gefälle oder auch Beneficien wurden dem Schirmvogte für seinen Beistand zu Theil. Als aber die grösseren geistlichen Herren zu Reichsfürsten sich emporgeschwungen hatten und ihnen nun selbst fürstliche Gewalt zustand, hörte dieses Verhältniss auf. — Der Dingvogt dagegen, der oft auch zugleich der Schirmvogt war, hatte die Kirche in ihren weltlichen Angelegenheiten zu vertreten und zu schützen; er war bei Vollziehung von Traditionen thätig, stand für die Kirche vor Gericht ein und hatte namentlich die (hohe) Gerichtsbarkeit über die Hintersassen der Kirche auszuüben. Die mit der Grafschaft beliehenen geistlichen Fürsten mussten den Vogt mit dem hohen Gericht beleihen; den Königsbann aber, dessen der mit dem Gericht beliehene Vogt zu seinem Vogtgerichte bedurfte, erhielt er vom Könige verliehen, welcher ihm diesen nicht verweigern durfte. Dafür jedoch hatte der Vogt dem Könige keinen Lehnseid zu leisten (Sachsenspiegel, III. Art. 64. §. 5.). Gewählt wurde er vom Bischofe oder Abte, wenn nicht, wie dies häufig bei Klöstern geschah, der Fundator die Vogtei sich und seiner Familie vorbehalten hatte, oder die Wahl, wie bei reichsunmittelbaren Abteien, dem Könige zukam, von dem dieses Recht allerdings häufig der Kirche verliehen wurde. Die Rechte des Vogts wurden genau festgesetzt, wenn die Kirche sich in die Nothwendigkeit versetzt sah, diese Stelle neu zu besetzen; sein Gewinn und seine Belohnung bestand, abgesehen von den Lehen an Kirchengütern, den Zehnten, die aber meist occupirt wurden, in einem Antheil an den Gerichtseinkünften und insbesondere in Prästationen (Frohnden, Abgaben und Steuern) der Unterthanen (Vogteipflichtigen). Doch rissen gar arge Missbräuche ein, indem die Vögte nicht nur sich sehr wenig um die ihnen obliegenden Pflichten kümmerten und Untervögte einsetzten, sondern auch das Amt vorzugsweise oder lediglich als eine ergiebige Einnahmsquelle betrachteten, auf ihre Gerichtseingesessenen einen schweren Druck und Erpressungen aller Art ausübten und gleichsam als Herren mit den Gütern der Kirche schalteten. Wo die geistlichen Herren mit der Zeit sich der Vögte nicht gänzlich entledigen konnten, suchten sie wenigstens dieselben möglichst zu beschränken; hier und da wurde der Advocatus ein Hofbeamter, doch sehen wir andererseits auch in einzelnen Fällen die Vogtei allmälig zur Landeshoheit oder doch fürstlichen Obrigkeit über das Stift oder Kloster emporwachsen.

[16]) So heisst es z. B. in dem Stadtrechte von Augsburg (Art. III. 3): Et si monetarius in falsitate deprehensus fuerit, quicquid habet publicari debet episcopo, et manus ejus advocato, das Vermögen des betrügerischen Münzers soll also dem Bischofe, seine Hand dem Vogte verfallen sein. (Gaupp, Deutsche Stadtrechte des Mittelalters, II. S. 203.)

[17]) Adaldago nivvenburgensis ecclesiae venerabili abbati concessimus, ut in loco suo antiquiore Hagenenrod vocato faciat mercatum et monetam publicam, in qua probabiles nummi dehinc percutiantur etc. (Originalurkunde im germ. Museum. Beckmann, III. S. 460; v. Posern, Beilage 54.)

und dem im Jahre 1035 Konrad II. gestattete, die Münze von da nach Nienburg zu verlegen, so stand es erst unmittelbar unter den deutschen Königen und waren die Grafen von Anhalt mit der Vogtei beliehen, die ihnen von Neuem überlassen wurde, als das Kloster 1166 von K. Friedrich I. an die Erzbischöfe von Magdeburg abgetreten worden war.

Belege für die Thätigkeit der Münze besagten Klosters suchte zuerst v. Posern-Klett in Adelheidsmünzen mit den Legenden EILART, EQILAR und IQILAR zu finden, die er für den Abt Eggihard (1000, 1003) beanspruchte (Num. Ztg., Jahrg. 1849, Sp. 14); allein seine Ansicht fand keinen Anklang (Mémoires etc., III. S. 426). Dann wurden von Leitzmann Halbbracteaten nach Art der von Halberstadt und Magdeburg mit der Umschrift + ADALBERTVS dem Abte Albert (—1130) und zwar mit mehr Glück zugewiesen (Num. Zeitung, 1856, Sp. 180. Nr. 21., vgl. auch 1857, Sp. 58), wenngleich sich Cappe in seiner Beschreibung der Münzen von Goslar, S. 24 zu Nr. 92, gegen diese Bestimmung ausspricht und an der in der Num. Zeit, 1841., Sp. 138. Nr. 19 gemachten Zutheilung an Vogt Albert von Goslar festgehalten wissen will. Schliesslich beschäftigte sich dann Stenzel mit der Münze der Abtei Nienburg im Anzeiger f. K. d. d. Vorzeit, Jhrg. 1858, Sp. 147 ff. und 180 ff., sowie in der Num. Zeitung, 1864, Sp. 116.

In der von K. Otto III. dem Kloster Nienburg ausgestellten Urkunde v. J. 993 und der mit derselben fast wörtlich übereinstimmenden v. J. 1000 heisst es nun: concessimus, ut — nulla persona magna sive parva super mercatum, monetam et teloneum sive bannum aliquam ultra potestatem habeat aut exercere praesumat, nisi superius jam dictus Adaldagus abbas suique successores, seu advocatus, quem ipsi et monachi deo et sanctae mariae virgini perpetualiter ibi servituri ad hoc opus et negotium elegerint et constituerint, und in der Konrad's v. J. 1035: monetam, quam in Hazechenrode habuit, transformatam ad praedictum monasterium transposuimus. Ea scilicet ratione, ut preter ipsius suorumque successorum velle, nullus comes vel advocatus super haec, quae jam prenominavimus, aliquam exerceat potestatem etc. (Beckmann, III. S. 432.) Eine Zuziehung des Vogts zu den hier gedachten Stiftsangelegenheiten scheint nun aber von Seiten der Aebte nie beliebt worden zu sein; dagegen haben ohne Zweifel die Vögte, die in Nienburg eine Burg gehabt zu haben scheinen, mit der Zeit sich Eingriffe erlaubt, und erwuchsen zwischen dem Kloster und den Advocati mancherlei Wirren, namentlich unter Heinrich I. von Anhalt, wie aus dem Vergleiche hervorgeht, den im Jahre 1239 ebengedachter Graf und Abt Gebhard von Nienburg wegen des Vogteirechts abschliessen, aus dem sich auch ferner ergiebt, dass späterhin sowohl in Nienburg, als auch in Hagenrode eine Münze gewesen sein muss. Die betreffende Stelle lautet: Proinde noverint ... quod ego G. abbas et capitulum Nienburgense ex una et ego H. comes Ascharie advocatus ecclesie memorate ex altera parte super diversarum causarum arduis tergiversationibus, que inter nos longo tempore vertebantur, hanc compositionis ordinavimus inter nos formam... Inprimis igitur in hoc amicabiliter concordavimus, quod moneta, mercatum, theloneum et prefectura opidi Nienburgensis stabunt in usu, potestate ac jure abbatis Nienburgensis, secundum Magdeburgensis civitatis jura...... Mercatum, moneta, thelonenm et prefectura in Hazzekenrod stabunt in potestate, jure et usu abbatis Nienburgensis (Beckmann, V. S. 71).

Wir sind nun nicht abgeneigt, da augenscheinlich Bernhard's Verhältniss zu irgend einem Stifte den Stoff zu den Darstellungen auf vorstehender Münze und den folgenden gegeben hat, unser Stück in specielle Beziehung mit dem Kloster Nienburg zu bringen, und wollen zu dem Zwecke hier ein Stück einschalten, das wegen seiner unverkennbaren Aehnlichkeit mit unserem Pfennige aufschlussgebend sein dürfte. Es befindet sich im königlichen Münzcabinete zu Dresden, und obwohl es nicht aus dem Trebitzer Funde stammt, glaubten wir doch wegen seiner Wichtigkeit es mit einreihen und auf der Nachtragstafel (siehe Nr. 75) in Abbildung geben zu sollen.

Nr. 75. Zu den Seiten des Kreuzes (s. Nr. 30), in dessen Untersatze eine Kugel erscheint, zwei Köpfe mit einem Stücke des Brustgewandes, von denen der rechts mit Perlenhaar dargestellt ist, der links aber nur zu den Seiten der Schläfe zwei Perlen zeigt, während sich über die Stirn ein Streifen zieht und der Oberkopf glatt ist. Umher 3 Kreise wie vorher.

Gr.: 24.

Die Hauptfrage bei diesem Stücke ist die, ob man in dem linken Kopfe den eines Geistlichen, Abtes, zu erkennen hat, oder einen Frauenkopf. In ersterem Falle würde der über der Stirn ersichtliche hervorstehende Streifen den die Tonsur umgebenden Haarkranz, in letzterem den Rand einer den Oberkopf glatt umschliessenden barettartigen Haube vorstellen. Die im 13. Jhdt. herrschende Kopftracht vornehmer Frauen, die schon seit Ende des 12. Jhdts. auftritt und sich bis gegen Mitte des 14. Jhdts. erhält, war das „Gebende", d. h. eine eng anschliessende haubenartige Kopfbedeckung mit einem verhältnissmässig breiten, ringsherum laufenden, steifen Rande und einer Kinnbinde, die sich an Schläfe und Wangen anlegte. In dieser Weise erscheint z. B. auf dem schönen Siegel der Reichsstadt Gelnhausen die Kaiserin neben ihrem Gemahle, nur trägt sie über dem Gebende noch die Krone, wie denn überhaupt eine Verbindung nicht nur dieser, sondern auch des Schapels, diademartiger Reifen oder auch reiner Blumenkränze mit dem Gebende häufig anzutreffen ist. — Vergleichen wir die Darstellung unserer Münze mit dem eben näher beschriebenen weiblichen Kopfputze, so stimmt sie, was den Oberthcil betrifft, genau überein, doch fehlt das sturmbandartige Tuch, welches, wenn am Ende auch nicht ausnahmslos, doch so regelmässig getragen wurde, dass sein Fehlen uns daran zu zweifeln berechtigt, ob hier wirklich von einem weiblichen Kopfputze die Rede sein kann.

Die beiden Köpfe sind übrigens so deutlich von einander verschieden, dass man auf unserem Pfennige nicht eine Darstellung zu suchen hat, die ohne eine Beziehung zu zwei bestimmten Personen gewählt worden wäre, wie letzteres im Laufe des 13. Jhdts. allerdings oft vorkam, indem man Doppelbilder häufig eben nur deshalb anbrachte, weil diese Darstellungsweise, die schon im 12. Jhdt. weit verbreitet und den byzantinischen Münzen entlehnt war, Anklang gefunden hatte. Zusammenstellung zweier verschiedener Figuren auf Bracteaten finden sich überdies nicht selten. So sehen wir den Kaiser Friedrich I. neben seinem Sohne Heinrich, geistliche Herren neben den Stiftsheiligen oder Gründern, Geistliche neben den Vögten, Markgraf Albrecht von Brandenburg neben seiner Gemahlin u. s. w. Unter anderm war dieser Typus auch auf Münzen der Aebte von Hersfeld gebräuchlich. Es erscheint da der Abt in Verbindung mit dem Könige, dem Heiligen und dem Vogte. Siehe v. Posern, Taf. XII. Nr. 4—9 und XIII. Nr. 25. Angezogene Bracteaten werden mit Ausnahme des letzteren in die Zeit Johann's (1200—1215) verlegt, doch können einige noch in die letzten Jahre Siegfried's (1180—1200) gehören. Dieser Siegfried war nun aber zugleich Abt von Nienburg; leicht wäre es sonach möglich, dass gerade in Folge dessen die in Hersfeld beliebte Art der Darstellung, die Verbindung des Vogts mit dem Abte, nach Nienburg verpflanzt worden wäre.

Aebte zu Nienburg waren zu der Zeit, die etwa hier in Betracht kommen würde: Siegfried Abt in Hersfeld und Nienburg, Heinrich, auch Heitenreich, 1200, und Hermann, 1205.

Hätte man also in dem linken Kopfe den eines Geistlichen zu erblicken, so könnte unser letzterwähntes Stück als eine Münze der Aebte von Nienburg, ersteres (Nr. 30) dagegen als ein diesem correspondirendes Gepräge des Vogts Bernhard gelten, bestimmt um mit jenem zu coursiren. — Wäre der Kopf aber ein weiblicher, so könnte er auf die Gemahlin [18]) Herzog Bernhard's bezogen werden. Wir möchten uns in Betreff des zweifelhaften Punktes für einen Haarkranz entscheiden und sonach den weiblichen Kopf in Abrede stellen, um so mehr, als wir an den Seiten des Streifens Ueberreste von (Haare andeutenden) Perlen zu erkennen vermeinen[19]). Doch sind wir absichtlich nicht einseitig von unsrer Anschauung ausgegangen und wünschen wir nur, dass einmal ein gerade an fraglicher Stelle recht scharfes Gepräge auftauchen möge, um Gewissheit zu bringen.

Nr. 31. Ueber einem von stufenweise sich erniedrigendem Mauerwerke umschlossenen Portale erhebt sich ein breiter, dreifenstriger Zinnenthurm, zu dessen Seiten zwei auf die Mauer gesteckte Knöpfe erscheinen. Im Portale selbst, welches wie das Mauerwerk mit Perlen besetzt ist, schreitet unter dem mit Perlenhaar versehenen Haupte des Herzogs ein kleiner Löwe mit erhobenem Schweife nach der linken Seite. Umher 3 Kreise wie vorher.

Gr.: 23.   Erbstein'sche Sammlung.

Gew.: 0, 7.

Dass auch zu dieser Darstellung Bernhard's Eigenschaft als Advocatus Veranlassung gegeben haben könnte, haben wir bei Nr. 30 schon erwähnt. — Die nur in einem Exemplare aufgefundene, sehr interessante Münze ist von festem Silberblech und bei der Kleinheit der Darstellung von zierlichem Stempelschnitt. Trotz des beschränkten Raumes hat der Stempelschneider mit Geschick den Löwen anzubringen gewusst.

Dasselbe Motiv, das dieser Darstellung zu Grunde lag, sehen wir in anderer, aber durchaus ähnlicher Weise bei dem folgenden Stücke wiedergegeben.

Nr. 32. Zwischen zwei durch einen spitzen, oben mit einer Kreuzblume (Lilie) geschmückten Giebel verbundenen, mit Knöpfen besteckten, zweifenstrigen Kuppelthürmen erscheint der Kopf

---

[18]) Die Gemahlin Herzog Bernhard's war Judith, oder Jutta, nicht Tochter Knut's und Schwester Waldemar's I. von Dänemark, sondern Tochter des Königs Miesko von Polen (Chronica principum Saxonie, abgedr. in den Märkischen Forschungen IX. Bd. S. 7 folg. Siehe daselbst S. 17). Wann sie gestorben, ist nicht bekannt, nur so viel ergiebt sich, dass sie 1201 noch gelebt, indem sie der durch den brandenburger Bischof Norbert erfolgten Einweihung der Kirche zu Wörlitz mit Herzog Bernhard beiwohnte. Sie wird als eine sehr gottesfürchtige Frau geschildert. (Beckmann, III. S. 16; S. Lentz, Beemannus enucleatus. S. 148.)

[19]) Auf der Abbildung erscheint die Perle am Streifen zu deutlich.

des Herzogs mit schlichtem Haar und einem Stück vom Brustgewande. Unten schreitet, gleichsam als Träger des Ganzen, ein Löwe mit ausgestrecktem Schweife nach der rechten Seite. Der Giebel ist mit Perlen besetzt. Das Bild umschliessen die 3 Kreise.

Gr.: 23—25.   Anzeiger, Sp. 168. Nr. 13.

Gew.: 0,695—0,895; D.-G. von 6 Stücken: 0,77.

Wir verweisen bei dieser Münze ebenfalls auf das früher Gesagte und wenden uns sofort zu ihrem Seiten- oder Gegenstücke:

Nr. 33. Die Darstellung entspricht der vorigen bis auf den Löwen. An seiner Stelle befindet sich hier ein mit Perlen geschmückter Bogen, an welchen sich links und rechts eine nach hinten laufende, niedrige Mauer anschliesst, worauf am Ende die Kuppelthürme ruhen.

Gr.: 24—25.   Anzeiger, Sp. 169. Nr. 14.

Gew.: 0,72—0,88.   „Num. Zeitung a. a. O. Nr. 7.

Unter 5 Exemplaren ergaben sich geringe Abweichungen in der Zeichnung; drei hatten einen weitern, zwei einen engern Bogen unter dem Kopfe. — Zweifelhaft bleibt es, ob wir in diesem Stücke ein fremdes Nachgepräge der sächsischen Nr. 32 zu erblicken haben. Siehe oben S. 30.

Nr. 34. Ueber einer Leiste zeigt sich das Bildniss des Herzogs als Brustbild im Gewande, mit langen Haaren, die am Ende, wie gewöhnlich, mit zwei Kugeln, über der Stirn aber mit einem Ringe statt der sonst auch hier erscheinenden Kugel versehen sind. Rechts und links erhebt sich auf einem aufgerichteten Halbbogen ein zweifenstriger Thurm mit spitzem, in einen grossen Knopf endendem Schindeldache, und zwischen diesen 2 Thürmen schwebt über dem Haupte, wahrscheinlich den Giebel andeutend, ein Bogen, auf dessen Mitte ein niedriger, aber breiter Zinnenthurm steht. Dieser Bogen, sowie die Leiste unten, sind mit Perlen geziert. Umher 2 Perlenkreise, der äussere breiter und höher.

Gr.: 24—25.   Anzeiger a. a. O. Nr. 15.

Gew.: 0,685 und 0,7. (3 Exemplare).

Obgleich dieser Pfennig gewisse Aehnlichkeit besonders in der Darstellung mit den vorangegangenen Bracteaten zeigt, so verweist ihn doch der augenscheinlich etwas geringere Gehalt, ebenso wie die Arbeit, in etwas spätere Zeit. Wir glauben nicht zu viel zu wagen, wenn wir in diesem Stücke eine Münze Herzog Albrecht's suchen. Eine Vergleichung mit der auf Taf. I. Nr. 17 abgebildeten sicheren Albrechtsmünze im Originale ergiebt eine auffallende Uebereinstimmung im Silberblech; wir finden aber zudem noch eine Gleichheit in Bezug auf Grösse und die zwei umgebenden Hochränder. Dass diese Münze in nur wenigen Exemplaren sich im Funde befand, kann nicht gegen eine derartige Zutheilung sprechen, war doch auch jener Schriftbracteat Albrecht's nur vereinzelt darin vertreten.

Ehe wir zu einer mit eben besprochener in gewisser Verwandtschaft stehenden Münze übergehen, wollen wir der Darstellung wegen zwei Gepräge einschieben, die beide den Kopf des Herzogs in Verbindung mit einem viertbürmigen Gebäude aufweisen und beide, namentlich aber das zweite, grosse Aehnlichkeit mit Morizpfennigen haben.

Nr. 35. Auf einer mit Perlen geschmückten Leiste zwei hohe Kuppelthürme, welche ein mit 2 ähnlichen, aber niedrigeren Kuppelthürmen besetzter Spitzbogen verbindet. Alle vier Kuppeln sind mit Knöpfen versehen. Unter dem Bogen erscheint der Kopf des Herzogs mit schlichtem Haar, wie gewöhnlich, und einem Streifen Brustgewandes. Rechts und links neben den Seitenthürmen schwebt eine flache Kugel. Umher ein Perlenrand.

Gr.: 20.   Im Besitze des Herrn Dannenberg.
Gew.: 0,58 und 0,56.   Erbstein'sche Sammlung.

In nur 2 Exemplaren gefunden und von schwachem Silberblech. — Auf dem zweiten Exemplare erscheinen nicht Kugeln, sondern deutlich Ringe neben dem Gebäude.

Nr. 36. In einem von 4 Thürmen überragten, auf die Spitze gestellten, innen mit Perlen besetzten Vierecke der Kopf des Herzogs mit spitzer Beckenhaube und zwei Haarlocken in Gestalt je einer Perle an den Schläfen. Von den 4 Thürmen ruhen zwei, die äusseren und niedrigeren, gerippten und mit einem Knopf versehenen Kuppelthürme, auf einem Maueruntersatze zu den Seiten des Vierecks, während 2 zweifenstrige Zinnenthürme auf einem gemeinsamen, sich über der Spitze der rautenförmigen Einfassung erhebenden Gebäude stehen, das mit 4 Fenstern und einem Perlenfries versehen ist. Der auf der Höhe mit Perlen besetzte Rand läuft zu den Seiten in einzelnen Kreisen ab.

Gr.: 22.   Anzeiger, Sp. 170. Nr. 19.
Gew.: 0,6—0,73; D.-G. von 5 Stücken: 0,7.   Num. Zeitung a. a. O. Nr. 8.

Starkes Silberblech. — Bei genauer Vergleichung ergeben sich mehrere Stempel, kenntlich besonders an grösserer und kleinerer Raute. — Aehnliche quer gerippte Kuppelthürme wie auf Nr. 36 finden wir auf den Nummern 58, 60 und 61 wieder.

Auf die ziemlich in die Augen fallende Uebereinstimmung der Typen eben erwähnter beider Pfennige mit Morizpfennigen haben wir schon oben bei Nr. 13 am Schluss hingewiesen (S. 30). Bei unserer früheren Besprechung liessen wir uns durch besagte Uebereinstimmung verleiten, das letztere der beiden Stücke als Morizpfennig anzuführen, welchen Irrthum wir hier nachträglich zu berichtigen haben. — Zu Nr. 35 könnte Nr. 53 unseres Fundes als magdeb. Gegenstück betrachtet werden, während für Nr. 36 ganz ähnliche Morizpfennige schon bekannt sind, die jedoch Umschrift führen und im Viereck den Kopf des Moriz mit Schein zeigen.

Durch Annahme derartiger gegenseitiger Nachahmungen erklärt sich auch sehr einfach die oft auffallende Grössenverschiedenheit der Münzen eines und desselben Herrn bei nicht zu weit aus einander liegender oder gleicher Ausprägungszeit. Jedenfalls wurde häufig gleichzeitig nebenbei noch nach verschiedenen Vorbildern ausgemünzt, für deren Wahl dann der Verkehr massgebend war.

Ein in der Fabrik vorstehender Nr. 36 entsprechendes Stück, das ebenfalls aus sächsischer Münzstätte hervorgegangen sein könnte und einem Morizpfennige nachgebildet zu sein scheint, besprechen wir später bei seinem Gegenstücke unter Nr. 61 der Morizpfennige, obgleich es hier hätte eingeschoben werden können.

Eine ähnliche viereckige Einrahmung wie auf Nr. 36 treffen wir auf:

Nr. 37. In einem auf die Spitze gestellten, innen mit Perlen besetzten Vierecke der Kopf des Herzogs, mit schlichtem Haar und einem Stücke des Brustgewandes, über einem kleinen Bogen. Umher 2 Perlenkreise, von denen der äussere breiter.

Gr.: 22—23.   Num. Zeitung a. a. O. Nr. 9.

Gew.: 0,51—0,86; D.-G. von 7 aus 14 Stücken: 0,7.

Verwandtschaft zeigt dieser im Funde der Zahl nach nicht ganz unbedeutend vertretene Pfennig sowohl mit Nr. 34, als auch mit Nr. 17., doch möchten wir ihn nicht unbedingt als Münze Albrecht's hinstellen.

Was die Darstellung anlangt, so finden wir auch hier wieder in Betreff der rautenförmigen Einrahmung Aehnlichkeit mit magdeburgischen Bracteaten von Erzbischof Ludolf. Eine noch grössere Uebereinstimmung besteht aber bez. des Bildes mit Bracteaten des Markgrafen Otto des Reichen von Meissen (Mémoires etc., VI. S. 419. Nr. 54. u. a.), ohne dass aber nun deswegen auch beide Sorten gleichzeitig in Circulation gewesen zu sein brauchen. Auf beregte Uebereinstimmung ist schon in der Num. Zeitung a. a. O. hingedeutet worden.

Der eben erwähnte Bracteat Erzbischof Ludolf's zeigt innerhalb einer Raute den im Ornat stehenden, rechts einen Krummstab, links einen Palmzweig haltenden Erzbischof. An den vier Seiten der Einfassung ist vertheilt: LVD-OLPV-SAR-CEPI. Das ihm an die Seite zu stellende Gepräge Sachsens glauben wir aber weniger in unserem vorstehenden Stücke als in einem Bracteaten finden zu müssen, der in eben solcher Raute den Herzog Bernhard in ganzer Figur zeigt, mit Schwert und Fahne, zwischen zwei Thürmen, nebst der aussen herum vertheilten Umschrift BER-NAR-DVS-DVX — Auch existirt noch ein anderer, der statt der Umschrift eine aus Zacken gebildete Verzierung enthält und den Herzog wie auf jenem, doch mit Schwert und Scepter oder dreifachem Stengel vorführt. Beide letzterwähnte Stücke finden sich im königl. Cabinet zu Dresden und sind auch in der Num. Zeitung, 1850, Tf. V. zu Sp. 170, Nr. 4 und 5 in Abbildung gegeben, jedoch erscheint daselbst jedenfalls nicht mit den vorgelegenen Originalen übereinstimmend, BER-NAR-DVS-DVX und beim zweiten Stücke eine aus Strichen statt aus Zacken gebildete Verzierung.

Wir wenden uns nun zu einer interessanten Gruppe, die uns den Uebergang zu den Morizpfennigen bahnt. Das, was uns veranlasst, die Nr. 38—44 hier zusammen zu betrachten, ist die rebenartige Verzierung, welche theils als Kranz, theils nur bruchstückweise neben Darstellungen erscheint, die auf Sachsen und Magdeburg hindeuten. Während bei Nr. 38 der Löwe das herzoglich sächsische Gepräge kennzeichnet und Nr. 39 in der Darstellung des Brustbildes und seiner Attribute genau mit demselben übereinstimmt, so dass hier an den h. Moriz ungezwungen nicht gedacht werden kann, so nimmt Nr. 41 die mit jener den vorhergehenden Nummern eigenen Verzierung versehene Nr. 40 für Magdeburg in Anspruch und so characterisirt sich weiter auf Nr. 43, auf der die Verzierung wieder erscheint, die Figur durch den Nimbus als heiligen Moriz, selbst wenn ihr die Nr. 44 nicht zur Seite stände. Ob nun Nr. 39 eine Nachprägung der Nr. 38, vielleicht von magdeburgischer Seite, dagegen Nr. 40 und 43 dergleichen von sächsischer Seite gegenüber den Nummern 41 und 44, lässt sich nicht behaupten und wird besonders deshalb auch unwahrscheinlich, weil wir zu Nr. 44 schon das betreff. correspondirende sächsische Gepräge kennen, das sich auch im Funde befand, nämlich den oben unter Nr. 73 besprochenen Schriftbracteaten. Ob wir es aber hier mit Nachgeprägen von dritter Hand zu thun haben, ist nicht zu entscheiden. Da bestimmt sprechende Unterscheidungszeichen fehlen, indem die rebenartigen Verzierungen als solche für uns nicht gelten können, vielmehr nur in Folge übertragenen Geschmacks sowohl in Magdeburg als in Sachsen angewendet worden sein können, ja ähnliche selbst anderwärts getroffen werden, so müssen wir einstweilen Nr. 39 als sächsischen Bracteaten, Nr. 40 und 43 als magdeburger Pfennige betrachten.

Nr. 38. Das Brustbild des Herzogs mit langen, durch Perlen lockenartig gewellten Haaren, im Gewand, das auf der Brust durch einen Knopf zusammengehalten wird und die Arme verbirgt, die das Schwert und einen kurzen Kreuzstab halten. Umher eine Einfassung, welche unten bogenförmig eingedrückt ist und aus einer von starken Perlen umgebenen Kreislinie besteht. Unter derselben schreitet der herzogliche Löwe mit erhobenem und gebogenem Schweife (ähnlich wie auf Nr. 3) nach der rechten Seite, indem er die rebenartigen Verzierungen trennt, welche sich um die Einfassung ziehen und oben durch ein Kreuz unterbrochen werden. Die eine dieser Blätterranken, rechts, läuft von oben nach unten, die andere, links, von unten nach oben. Das Ganze umzieht ein geperlter Hochrand.

Gr.: 24—26.
Gew.: 0,56; 067 und 0,91.

Dieses merkwürdige Gepräge fand sich, so viel wir ermitteln konnten, nur in 3 Exemplaren im Funde, wovon eines in den Besitz des Herrn Dannenberg, das andere in das Cabinet des Herrn v. Römer, das dritte in die Erbstein'sche Sammlung gelangte. Auf dem einen Exemplare erscheinen die Locken weniger scharf und daher die Haare so, wie sie gewöhnlich auf den herzoglichen Münzen uns entgegentreten. Aehnliche, durch Anbringung von Perlen zu Locken gestaltete, lange Haare treffen wir weiter unten auf Bracteaten thüringer Fabrik (S. Nr. 69, 84, auch 85.). — Hinsichtlich des Löwen verweisen wir auf das oben unter Nr. 3 und hinsichtlich des Vorkommens eines Kreuzstabes in der Hand des Herzogs auf das bei Nr. 15 Gesagte.

Nr. 39. Das Brustbild des Herzogs, ganz wie auf vorigem Stücke, über einem mit feinen Perlen besetzten Bogen, in einer gleichen Einrahmung wie auf Nr. 38; nur geht selbige ununterbrochen ringsum. Auch die rebenartige Verzierung läuft ganz herum und besteht aus einer einzigen, fortlaufenden Ranke, welche oben rechts neben dem Kreuze beginnt. Perlenrand wie vorher.

Gr.: 25.   Erbstein'sche Sammlung.
Gew.: 0,69.

Nur in einem Exemplar gefunden und daher doppelt schätzbar. Beide Stücke sind von ziemlich schwachem und etwas sprödem Silberblech, vielleicht auch im Gehalte etwas geringer; für Herzog Albrecht möchten wir sie aber nicht in Anspruch nehmen.

II.
Erzbisthum Magdeburg.

Fand sich auch auffallender Weise in unserem Funde kein einziger magdeburger Bracteat mit dem Namen des Erzbischofs vor, so war doch diejenige Münzgattung, die man mit dem Ausdrucke Morizpfennige zu bezeichnen pflegt, in grosser Anzahl vertreten, ja es scheint der Schatz mindestens zur Hälfte aus solchen bestanden zu haben; denn in den von uns gemusterten Partieen des Fundes überwogen sogar durchgehends diese an Stückzahl die übrigen Gepräge. Gegen 250 Stück der ersteren haben allein wir in Händen gehabt, obwohl, wie schon bemerkt, der Fund nicht in seiner Totalität uns vorgelegen.

Viele Vermuthungen hat man schon darüber aufgestellt, was es für eine Bewandtniss mit dieser Münzsorte habe, ob die Morizpfennige von den Erzbischöfen, Vögten, Münzpächtern, Salzgrafen oder zu Sedizvacanzzeiten u. s. w., ob sie in Magdeburg oder in Halle geschlagen worden seien; namentlich ist in der Numismatischen Zeitung oft Gelegenheit genommen worden, über dieselben zu verhandeln. Das Wahrscheinlichste ist, wie der aus dem 12. Jhdt. stammende Bracteat mit der Umschrift „Moneta Hallensis" (v. Posern, Nr. 525) an die Hand giebt, dass die Hauptmünze für derartige Gepräge in Halle bestand. (Vgl. Num. Ztg., 1855, Sp. 70, 82; 1856, Sp. 65; 1860, Sp. 50, 62 ff.) Der bedeutende Handel, der hier, namentlich mit Salz, getrieben wurde, erforderte eine rege Ausprägung und da man weit und breit seinen Bedarf von hier bezog und die ganze Umgegend mit dem Erzeugnisse der hallischen Salzwerke versorgt wurde, so waren die Morizpfennige in der Handelswelt ein Bedürfniss und daher gesucht. Sie tauchen dem zu Folge oft in Münzfunden selbst aus entlegenen Gegenden in grösserer Menge auf. Gerade die grosse Circulation aber, die sie mit der Zeit erlangten, gab Veranlassung, dass sie vielfach zum Gegenstande für Nachprägungen wurden. Man beschränkte sich hierbei nicht darauf, seine Münzen in Grösse, Form und Vorstellung den Morizpfennigen möglichst entsprechend zu gestalten, sondern copirte auch das magdeburger Münzbild und versah es mit fremder Umschrift (eine solche, wahrscheinlich pegauer Nachprägung ist der Bracteat mit SC—S · IACOPVS · APOSTLV+), wie man denn bei entlehnter Vorstellung oft auch die Legende „Mauricius dux" gebrauchen mochte, obwohl dann jedenfalls nur in verstümmelter Form. — Aber auch die erzbischöfliche Münze liess es hinsichtlich des Nachprägens nicht fehlen; sie copirte fremde Geldsorten und versah sie mit ihrer Umschrift, stellte namentlich den Heiligen ganz wie einen weltlichen Herrn dar u. s. w. Leicht möglich ist es sogar, dass man gleich anfangs bei Ausprägung der Morizpfennige eine derartige Uebereinstimmung erzbischöflicher Münzen mit denen benachbarter weltlicher Herrn im Auge hatte (zu welchem Zwecke der heilige Moriz als Krieger sich sehr wohl eignete); denn es ist eine auffallende Erscheinung, dass man neben den magdeburger Bracteaten mit dem Erzbischofe stets noch Bracteaten mit dem heiligen Moriz trifft, welche sich mitunter sehr augenscheinlich durch ihr Gepräge fremden Sorten anschliessen. In ähnlicher Weise sehen wir die Bracteaten der Bischöfe von Naumburg aus der zeitzer Münzstätte sich hinsichtlich der Darstellung des Bischofs denjenigen weltlicher Herrn anreihen und bei ihnen nur Kreuz- oder Krummstab das Unterscheidungszeichen bilden, während in der naumburger Münze die Pfennige mit dem Bilde des Bischofs im vollen Ornate geschlagen wurden. — Ueber die gegenseitigen Nachprägungen von Seiten magdeburgischer und sächsischer Münzstätten ist gegenwärtiger Fund belehrend; schon im Laufe des Vorangegangenen hatten wir mehrmals Gelegenheit, hierauf hinzuweisen.

Während man früher die Morizpfennige im Allgemeinen in eine zu späte Zeit versetzte, ist neuerdings viel geschehen, manche der früherhin begangenen Irrthümer zu beseitigen und auf Funde gestützt, wie durch Vergleichungen mit redenden Bracteaten die Zeit ihrer Ausprägung näher zu bestimmen. Weiter wäre die Wissenschaft jedenfalls schon gedrungen, wenn diese Münzsorte nicht meist gar so stiefmütterlich behandelt und bei Beschreibungen von Münzfunden der Morizpfennige weniger flüchtig und nicht in der Art gedacht worden wäre, dass oft eine Beschreibung auf so und so viele an sich ganz verschiedene Gepräge bezogen werden kann. Jeder, der sich einmal damit beschäftigt hat, nach Beschreibungen einen Morizpfennig aus der so ungemein grossen Anzahl der bereits bekannten herauszufinden, resp. sich zu überzeugen, ob ein vorliegender bereits publicirt ist, wird auf die Schwierigkeit gestossen sein, oftmals nicht zu wissen, ist der in einer Beschreibung vorkommende der gesuchte oder ein anderer. Sehr verdienstvoll ist die Zusammenstellung, die in der Numismatischen Zeitung, Jahrg. 1860, Sp. 62 ff. nebst einigen Abbildungen auf Taf. I—III, gegeben wurde, obwohl darin, wie es nicht anders sein kann, bei mangelndem Originale und blosser Wiedergabe einer fehlerhaften Beschreibung oder falschen Zeitzutheilung früherer Autoren manche Irrthümer sich eingeschlichen haben, die mit der Zeit neu auftauchende Funde beseitigen werden. Ist auch bei der ungemein grossen Anzahl von Morizpfennigen der Beitrag, der aus einem Funde gewonnen wird, oft nur ein geringer, so wird man doch mit der Zeit, wenn in jedem Falle ihnen die nöthige Würdigung zu Theil wird und sie namentlich auch durch Abbildungen veranschaulicht werden, einen sicheren Ueberblick erlangen und insbesondere für das wichtige Gebiet der noch nicht genug beachteten gegenseitigen Nachprägungen ungemein lehrreiche Resultate gewinnen. Diese Bemerkungen lassen wir hier einfliessen, weil es Manchem vielleicht als überflüssig erscheinen könnte, dass wir die in gegenwärtigem Funde befindlich gewesenen Morizpfennige gleich den übrigen Stücken sämmtlich in Abbildungen mitgetheilt haben, selbst solche, obwohl deren nur wenige sind, die schon bekannt waren.

Erzbischöfe von Magdeburg waren zu der Zeit, in welcher nachstehende Pfennige durch die Zusammensetzung des Fundes verwiesen werden: Ludolf von Kroppenstedt (1192—1205) und Albrecht I. Graf von Käfernburg (1205—1233), letzterer jedoch kommt nur in dem ersten Drittel seiner Regierungszeit in Betracht.

Indem wir uns nun zu den magdeburger Münzen selbst wenden, verweisen wir hier zunächst noch auf die zwei oben bereits besprochenen Morizpfennige Nr. 13 und 14 und auf das über diese Münzgattung dort und im Laufe unserer Besprechung sonst schon Gesagte, und beginnen mit den wegen ihres Laubrandes an die Nr. 38 u. 39 sich anschliessenden, schon im Zusammenhang mit diesen behandelten Münzen.

Nr. 40. Ueber einem mit Perlen besetzten Bogen, unter welchem ein niedriger zweifenstriger Zinnenthurm, erhebt sich auf einem gleichfalls mit Perlen geschmückten Giebel ein auf einem Ringe stehendes grosses Kreuz, während zu den Seiten des Giebels auf einem Maueruntersatze je ein ebenfalls zweifenstriger Thurm ruht, dessen Schindeldach einen Knopf trägt. Umher, ausserhalb eines unten durchbrochenen Perlenkreises, eine links neben dem Untersatzbogen beginnende und auf dessen entgegengesetzter Seite auslaufende Ranke. Das Ganze umschliesst ein Perlenrand.

Gr.: 22.
Gew.: 0,54—0,84; D.-G. von 6 Stücken: 0,67.

Nr. 41. Wie Nr. 40; aber antatt der Ranke die Ueberschrift: ·ⱺAIGⱧEBVR· AⱧ
Gr.: 22.
Gew.: 0,54—0,86; D.-G. von 6 aus 10 Stücken: 0,74.

Hiervon existiren mehrere in der Zeichnung ein wenig von einander abweichende Stempel, aus denen wir hervorheben:

Nr. 42. Wie Nr. 41, aber die Umschrift endet mit AⱧ+ Die Buchstaben sind kleiner, namentlich die Lettern ⱧEBVR
Gr: 22; Gew; 0,7.

Auf diesen Geprägen begegnet uns, wie später auch auf Nr. 55, das Kreuz in jener hervorragenden Stellung, in der es auf magdeburger Münzen so oft vorkommt. Man hat bei ihm schon an ein Wappenbild denken wollen (Mémoires etc. de St. Pétersbourg, VI. S. 409), doch möchten wir uns hinsichtlich desselben eher für eine symbolische Darstellung Christi, oder des Heiligthums überhaupt, entscheiden. — Die Form „Maigeebur" erscheint auch auf andern magdeburger Münzen, und ebenso das AⱧ (z. B. Num. Ztg., 1860, Sp. 85. Nr. 44 und Taf. II.), welches wohl in Archiepiscopus aufgelöst werden kann. Ob derartige Pfennige gerade in der Stadt Magdeburg geprägt worden sind, bleibt fraglich.

Nr. 43. Zwischen zwei niedrigen Zinnenthürmen steht der heilige Moriz mit Nimbus, im Panzer, Schwert und kurze Fahne schulternd. Rechts im Felde eine Ranke, und links eine kleinere dergleichen. Umher ein geperlter Hochrand.

Gr.: 22. Num. Zeitung. 1863, a. a. O. Nr. 12.
Gew.: 0,565—075; D.-G. von 7 Stücken: 0,67.

Im Silber entspricht diese Nummer den zunächst vorhergegangenen, wie denn auch die Ornamentik an Nr. 40 erinnert; die Vorstellung selbst aber stimmt mit der des folgenden Stückes überein.

Nr. 44. Aehnlich der Nr. 43. Die Thürme ruhen hier auf Gewölben. Statt der Ranken rechts OAV — links RI — Der Hochrand ist mit Perlen besetzt und läuft in einzelnen Kreisen ab.

Gr.: 21—22; Gew.: 0,66—0,72.

Von diesem Pfennige fanden sich mehrere in der Zeichnung und auch in der Grösse abweichende Stempel vor; so sind auf einem die Arme des Heiligen mehr als auf dem andern gekrümmt, auf einem weiteren ist der Schein gerieft. Alle sind jedoch von starkem, glattem Silberblech. — Einen ähnlichen Pfennig mit OAV-RIC giebt Leuckfeld, Magdeb. M., Taf. II. Fig. 23, und einen solchen mit MAV-RI die Num. Ztg., 1860, a. a. O. Nr. 121 und 1863, a. a. O. Nr. 14, in letzterem Jahrgange auch in Abbildung. — Auf die bez. der Vorstellung und Grösse mit einer Münze Herzog Bernhard's von Sachsen bestehende Uebereinstimmung ist schon oben hingewiesen worden. Siehe Nr. 73.

Der Fabrik und dem Bilde nach schliesst sich an:

Nr. 45. Der heilige Moriz wie auf Nr. 44, jedoch mit der Linken den von der Seite sichtbaren, mit einem Nabel versehenen Schild und die über demselben hervorragende Fahne haltend. Rechts unten steht auf einem Bogen ein kleiner zweifenstriger Zinnenthurm und darüber nach der Schwertspitze zu: OAV (Mauritius), welche Buchstaben oben von der umschliessenden, mehrmals durchbrochenen Kreislinie berührt werden. Herum ein geperlter Hochrand.

Gr.: 22—23. Anzeiger. Sp. 170. Nr. 18.

Gew.: 0,59—0,71; D.-G. von 5 Stücken: 0,63.

Die Darstellung gleicht der auf dem von Mader in seinem II. Versuche über die Bracteaten, Taf. II. Nr. 24 mitgetheilten Stücke, auf welchem dieser LVO las, was aber in der Num. Ztg., 1860 a. a. O. Nr. 133 in DVX verbessert wird.

Nr. 46. Wie vorstehende, aber richtig mit OAV

In der Num. Ztg., 1863 a. a. O. Nr. 13, wo dieses Stück aus dem Trebitzer Funde mitgetheilt wird, erscheint sowohl im Texte, als auf der Abbildung MAV.

Eine der Fabrik nach zusammengehörige Gruppe bilden die nun folgenden drei Stücke:

Nr. 47. Der stehende Heilige mit zurückgeschlagenem Mantel schultert rechts das Schwert und hält mit der Linken die kurze Fahne frei heraus. Vor seinem Leibe ein eiförmiger Schild mit einem Querbalken. Zu den Seiten zwei auf Bogen ruhende, niedrige, zweifenstrige Zinnenthürme. Von der durch einen Perlenkreis vom Felde getrennten Umschrift steht links OA — rechts VRIC — Der Hochrand zeigt Spuren von Perlen.

Gr.: 22; Gew.: 0,77.

Eine heraldische Bedeutung darf der Schildausstattung nicht zugeschrieben werden, obwohl man verleitet werden könnte, eine solche anzunehmen. Der Balken stellt nur eine Schildverstärkung vor. Einen ganz ähnlichen Bindenschild, mit einem Knopfe versehen, treffen wir u. a. auf dem oben in der Anmerkung zu Nr. 28 unter c.) näher beschriebenen Bracteaten Herzog Bernhard's von Sachsen. (S. S. 40).

Nr. 48. Der auf einem Bogen sitzende geharnischte Heilige, mit auf der Brust durch einen Knopf zusammengehaltenem, zurückgeworfenem, unten von rechts nach links über die Beine gebreiteten Waffenmantel, erhebt die Rechte zum Segnen und schultert mit der Linken das Schwert. Umschrift, zu den Seiten des Bildes, durch einen Perlenkreis vom Felde getrennt, neben der Schwertspitze beginnend: ☉AVRIC—IVS . DVX Umher ein Hochrand.

Gr.: 22; Gew.: 0,84 und 0,86.

Wahrscheinlich identisch mit dem in der Reichel'schen Münzsammlung unter Nr. 1780, in der Num. Ztg., 1860 a. a. O. unter Nr. 51 und dem ebendaselbst unter Nr. 123 nochmals aufgeführten Bracteaten, der aber auf der Abbildung die Umschrift ☉AVRC—IVS . DVX führt, während die Beschreibung MAVRIC—IVS angiebt. Ein dritter mit der Umschrift MVRC—IVS . DVX wird in ebengedachter Zeitschrift unter Nr. 124 angeführt. Das erste Stück wird in die Zeit Wichmann's gesetzt, das zweite und dritte in die Albrecht's.

Nr. 49. Der frei sitzende Heilige, ähnlich wie auf Nr. 48, mit Palmzweig und kurzer Fahne. Eine oben durchbrochene, unten in einen die Füsse umschliessenden Halbbogen übergehende Perleneinfassung trennt die unter dem Fahnentuche beginnende Umschrift: ☉A—VRICI Mit Perlen besetzter Hochrand.

Gr.: 22; Gew.: 0,61.

Einen ähnlichen Pfennig mit der Umschrift ☉AV—RICIV hat bereits Mader in seinem II. Versuche, Taf. II. Nr. 38 abgebildet und in die Zeit Ludolf's versetzt. In der Num. Ztg., 1860 a. a. O. Nr. 125 wird ein mit dem Mader'schen übereinstimmendes Gepräge beschrieben und unter Erzbischof Albrecht verwiesen.

Von feinem Schnitt ist:

Nr. 50. Der stehende geharnischte Heilige mit über die Achseln geworfenem Waffenmantel, schultert mit der Rechten das Schwert und hält im gebogenen und erhobenen linken Arme die lange Fahne, deren Tuch gegittert und dreimal gespalten ist. Ausserhalb eines feinen Perlenkreises, neben der Spitze des etwas herabhängenden Fahnentuches beginnend: ☉AVR—ICIVS . DV'—. Der Hochrand ohne Spuren von Perlen.

Gr.: 22; Gew.: 0,79. Im Besitze des Herrn Dannenberg.

Nr. 76. Ein zweites, in die Erbstein'sche Sammlung übergegangenes Exemplar ebengedachten Gepräges führt die Umschrift: ☉AVR . — . ICIVS . DV'—.

Gr.: 22; Gew.: 0,87.

Scheint dieselbe Münze zu sein, die in der Num. Ztg., 1860, a. a. O. Nr. 118, aber ohne Punkte nach den Worten beschrieben wird.

Nr. 51. Der auf einer rankenartig auslaufenden Verzierung stehende geharnischte Moriz mit spitzer Beckenhaube und Schein, in zurückgeschlagenem Mantel, schultert rechts das Schwert und hält links die Fahne und den von vorn sichtbaren kleinen eiförmigen Schild, auf dessen Mitte als Buckel ein von einem Kreise umschlossener Punkt. Im Felde rechts bei der Hand und links vom Halse ein von einem Kreise umgebener Punkt (wie auf dem Schilde). Die Umschrift steht ausserhalb eines Perlenkreises und beginnt am steifen Fahnentuche: ⓅAVR—ITIVS . D . Auf dem äusseren glatten Rande links vom Hochrande befinden sich buchstabenähnliche, wahrscheinlich im Stempel liegende Risse oder Unebenheiten.

Gr.: 24; Gew.: 0,63.   Im Besitze des Herrn Dannenberg.

Besonders fein und flach ist die Schrift geschnitten. Im Vergleiche mit anderen Morizpfennigen ist vorliegendes Stück von nicht zu starkem Silberblech. — Wahrscheinlich identisch mit dem im Münzcabinet der Leipziger Stadtbibliothek, Nr. 5601 beschriebenen Stücke. Die Schreibweise MauriTivs ist ungewöhnlich; man trifft den Namen mit T nur sehr selten geschrieben, so auf dem unter Nr. 78 nachher noch zu besprechenden Pfennig mit 3 Brustbildern, ferner in der Form ⓅA—RITHS auf dem in der Num. Ztg., 1860, Taf. III. Nr. 120 gegebenen Bracteaten.

Nr. 52. Unter einem auf zwei Säulen ruhenden, spitzen Giebel, der in der Mitte mit zwei Kuppelthürmen und an den Ecken mit Zinnenthürmen besetzt ist, das Brustbild des Moriz mit Schein, im Gewande, ohne Arme, über einem sehr flachen Bogen. Säulen und Giebel sind mit feinen Perlen geziert. Ueberschrift, durch die Thürme getrennt: ⓅAV—RI—C—IV—S DVX (die letzten zwei Buchstaben nur schwach sichtbar). Der Hochrand ist mit Perlen besetzt.

Gr.: 22; Gew.: 0,88.   Erbstein'sche Sammlung.

Nr. 53. In dem Portale eines auf einem mit Perlen besetzten Abschnitte stehenden, vierthürmigen Gebäudes der heilige Moriz, mit Schein, bis an die Brust, im Gewande, das durch einen Knopf zusammengehalten wird. Die hohen Seitenthürme sind zweistöckig, haben unten drei, oben zwei Fenster und enden in eine Kuppel mit Knopf, während die zwei übrigen Thürme neben einander auf dem das Portal bildenden, ebenfalls mit Perlen gezierten Halbbogen ruhen und mit Zinnen, sowie mit je zwei Fenstern versehen sind. Ueberschrift, durch die Kuppelthürme getrennt: · ⓅAV—RICIV—S . D . Ein Perlenkreis umschliesst das Ganze.

Gr.: 22; Gew.: 0,82 und 0,84.   Anzeiger, Sp. 169. Nr. 16.

Nr. 54. Wie vorher, aber mit · ⓅAV . —

Gr.: 22; Gew.: 0,78.

Wie schon oben bemerkt, könnte man in Nr. 35 das diesen Pfennigen correspondirende herzoglich sächsische Gepräge erblicken.

Nr. 55. Ein dreithürmiges Gebäude, in dessen Portale ein auf einem Knopfe ruhendes Kugelkreuz. Das Gebäude besteht aus einem über dem runden, mit Perlen besetzten Thore sich erhebenden, breiten, zweistöckigen Kuppelthurm nebst Knopf, und einer rechts und links vom Eingange zurücklaufenden Mauer, auf welcher sich hinten je ein zweifenstriger Zinnenthurm befindet. Ueberschrift, durch die Thürme getrennt: Ⓟ—AV—RIC—IV Umher ein feiner Kreis, der die Buchstaben berührt, und ein mit Perlen besetzter Hochrand.

Gr.: 21—23.   Num. Zeitung, Sp. 109. Nr. 19.

Gew.: 0,77—0,88; D.-Gew. von 6 Stücken: 0,8.

Die im Anzeiger f. K. d. d. Vorzeit (1863) Sp. 170. Nr. 17 nach undeutlichen Exemplaren gegebene Umschrift MavNicivs ist hiernach zu verbessern. — Ein abweichender Stempel mit ganz derselben Vorstellung, allein mit einem Punkt vor AV wird in der Num. Ztg. a. a. O. unter Nr. 18 beschrieben. — Das Kreuz als Symbol der christlichen Kirche dürfte nur das Gebäude näher bezeichnen oder die Münze als erzbischöfliche characterisiren sollen.

Nr. 56. Das Brustbild des heiligen Moriz, mit gerieftem Nimbus, im Gewande, das die Arme bedeckt und durch einen Knopf zusammengehalten wird, umgeben von einer aus 6 Bogen gebildeten Einrahmung, die auf der inneren Seite mit Perlen besetzt und mit einer Zackeneinfassung versehen ist, welch letztere aber unter dem Brustbilde verschwindet. Die vier durch die Bogen gebildeten Vorsprünge der Umrahmung sind mit Kugeln besetzt, während sich aussen in den Winkeln die vertheilten Buchstaben O—A—V—P—I—S befinden. Ein Hochrand mit Spuren von Perlen umschliesst die Darstellung.

Gr.: 23; Gew.: 0,82.

Nr. 57. Wie Nr. 56, wenn auch von etwas veränderter Zeichnung, mit der Umschrift: O—A—V—P—I—C

Gr.: 22½; Gew.: 0,77.

In den Formen Oavpis und Oavpic ist das Wort Mauricius leicht zu erkennen; der Aufschrift OAV statt ⍵AV begegneten wir schon auf Nr. 45. Die Aehnlichkeit der Buchstaben rief derartige Verwechslungen hervor. Im Uebrigen sind beide Münzen von sauberem Schnitt. — Vgl. auch das oben zu Nr. 74 Gesagte. — In der Num. Ztg., 1860, Sp. 90. Nr. 87 wird als Umschrift eines gleichen Stückes M—A—V—R—I—C angegeben.

Nr. 77. Ueber einem mit ⍵AVRI bezeichneten Bogen das innerhalb einer an diesen sich anschliessenden fünfbogigen Einfassung stehende Brustbild des Moriz, entblössten Hauptes mit Nimbus, im Harnisch und zurückgeschlagenem Mantel, Schwert und Palmzweig haltend. Die Einfassung ist innen mit feinen Perlen und an den Spitzen mit Kugeln besetzt. In den äusseren Winkeln, links beginnend, also mit nach aussen gestellten Buchstaben, die Fortsetzung des Namens: C—I—V—S Unter dem Bogen ein Kuppelthürmchen zwischen zwei Kugeln. Der Hochrand zeigt Spuren von Perlen.

Gr.: 22; Gew.: 0,82.

Starkes Silberblech. — Bereits abgebildet in den zu Hoffmann's Geschichte von Magdeburg von Prof. Wiggert gelieferten Abbildungen magdeburger Münzen unter Nr. 26, aber mit C—I—A—S und in der Num. Ztg., 1860, Taf. III. Nr. 86 mit C—I—V—Z (Wichmann oder Ludolf).

Nr. 78. Das Brustbild des heiligen Moriz zwischen zwei sechsstrahligen Sternchen, mit Nimbus, im Harnisch und Mantel, Palmzweig und Kreuzstab haltend, über einer aus zwei Bogen gebildeten, an der herabragenden Spitze mit einer Kugel versehenen Einfassung, unter welcher über einem flachen Bogen zu Seiten eines nach links gekehrten Krummstabes rechts das Brustbild des Erzbischofs mit der Mitra, links ein entblösstes Brustbild mit Perlenhaar, beide im Gewande, ohne sichtbare Arme. Die Umschrift wird durch einen fein geperlten Kreis vom Felde getrennt und beginnt links neben dem Kreuzstabe des Heiligen: O?AVR—ITIVS Der Hochrand mit Spuren von Perlen.

Gr.: 21; Gew.: 0,86.

Festes Silberblech. — Dieser wegen des dritten Brustbildes schon mehrfach besprochene Pfennig wird in 2 ähnlichen Stempeln in der Num. Ztg., 1842. Sp. 138. Nr. 86 und 87 (Taf. III.) in die Zeiten Willibrand's oder Rudolf's verlegt und einmal mit der Umschrift MAVR—ICIVS, das andere Mal mit AVR—TIVS (Leuckfeld, Magd., Nr. 19) gegeben; bei letzterem Stücke befindet sich jedoch das Brustbild des Erzbischofs links neben einem Kreuze, und hält der Heilige Kreuzstab und Fahne. In der „Reichel'schen Münzsammlung", Bd. IV. 2. Nr. 1771, wo die Münze Willibrand zugetheilt wird, lautet die Umschrift: O?AVR—TIVS. Dass sie in eine frühere Zeit, mindestens in das erste Jahrzehent des 13. Jhdts. gehört, thut unser Fund dar. Mader will in der dritten Figur den Abt von Nienburg sehen, dessen Abtei 1166 dem Erzstifte untergeben wurde. In der „Reichel'schen Münzsammlung" findet sich a. a. O. folgende Bemerkung: „Der Geistliche neben dem Erzbischofe ist für den Schirmvogt gehalten worden. Ein solcher müsste aber weltlich gekleidet und bewaffnet erscheinen, die Figur dieses Pfennigs zeigt hingegen deutlich Tonsur und Messgewand." Ist nun auch auf unserem Exemplare die Tonsur nicht vorhanden, das Haupt vielmehr mit Perlen besetzt, und ist auch bez. des Gewandes ein Unterschied von dem der weltlichen Herrn nicht zu finden, so bleibt doch die Frage, wen das dritte Brustbild vorstellen soll, eine offene.

Nr. 58. Ueber einem mit Perlen besetzten Bogen, zwischen zwei kleinen Kuppelthürmen das geharnischte Brustbild des heiligen Moriz mit auf der Brust befestigtem, zurückgeworfenem Mantel, mit der Rechten eine kurze Fahne, mit der Linken einen Kreuzstab haltend. Den Nimbus bildet ein fein geriefter Kreis. Unter dem Bogen eine lilienartige Verzierung. Der Hochrand ist mit Perlen besetzt und läuft zu beiden Seiten in einzelnen Kreisen ab.

Gr.: 21—22.   Anzeiger a. a. O. Nr. 20.

Gew.: 0,63—0,89; D.-G. von 7 aus etwa 50 Stücken: 0,75.   Num. Zeitung a. a. O. Nr. 15.

Von dieser Sorte fanden sich mehrere in der Zeichnung abweichende Gepräge vor (auf einigen neigt sich z. B. das Kreuz auf dem Stabe etwas), aus denen wir hervorheben:

Nr. 59. Die Thürme haben ein überragendes, spitzes Dach und sind mit 2 Fenstern versehen.

Nr. 60. Wie Nr. 58. Der Heilige hält rechts das Schwert, links die Fahne. Unter dem Bogen erscheinen sechs neben einander gestellte Zacken.

Gr.: 21—22.   Anzeiger a. a. O. Nr. 21.

Gew.: 0,55—0,74; D.-G. von 5 Stücken: 0,65.   Num. Zeitung a. a. O. Nr. 17.

Letztere Gepräge bildeten Hauptmassen des Fundes (von Nr. 60 sind uns mehr denn 80 Stücke auf einmal zugekommen) und sind deshalb als die jüngsten aller besprochenen Morizpfennige zu betrachten. Ob sie bereits in die Zeit Herzog Albrecht's I. von Sachsen fallen, oder in die letzten Jahre Bernhard's, ist nicht zu entscheiden.

Der besseren Vergleichung halber haben wir neben Nr. 60 das vielleicht sächsische Nachgepräge stechen lassen:

Nr. 61. Gleicht in der Darstellung der vorigen Nummer. Der Nimbus fehlt und der Kopf ist nur mit einem Kreise von 10 Perlen besetzt, während die Perlen beim Moriz über der Stirn in zwei Reihen stehen. Unter dem Bogen, statt der Zacken, eine Kugel.

Gr.: 22; Gew.: 0,69.   Erbstein'sche Sammlung.

In der Fabrik hat diese interessante, uns nur in einem Exemplare vorgekommene Münze grosse Aehnlichkeit mit Nr. 36; auch finden sich hier, wie dort, die quer gerieften Kuppelthürme.

III.

Sonstige Bestandtheile des Fundes.

A. Eine seltsame Erscheinung bilden im Funde die drei folgenden, nach Art der pegauer Münzen mit einem Krückenkreuze versehenen Bracteaten, die ihrer Fabrik nach sich ebenso sehr von den bekannten sicheren pegauer Pfennigen unterscheiden, als sie unter sich wiederum verschieden sind. — Nr. 62 trägt entschieden die sächsische Fabrik an sich, wie eine Vergleichung mit den aus jetzigem Funde stammenden Bracteaten Herzog Bernhard's ergiebt, namentlich finden sich auch hier die 3 Kreise, wie auf vielen der oben besprochenen Bernhardsmünzen. Bei Nr. 63 hat das Kreuz die meiste Aehnlichkeit mit dem auf pegauer Münzen gebräuchlichen, während die Darstellung im Uebrigen letzteren nicht entspricht. Nr. 64, deren äusserer Rand augenscheinlich, vielleicht vom Finder oder Verkäufer, weggeschnitten wurde, um der schadhaften Münze ein besseres Aussehen zu verleihen, kommt am meisten dem pegauer Typus nahe. Ist nun auch das Krückenkreuz eine auf den pegauischen Bracteaten stets wiederkehrende Erscheinung, so kann es doch durchaus nicht ausschliesslich für Pegau in Anspruch genommen werden. Jedenfalls gehört sogar eine grosse Anzahl der von v. Posern bekannt gemachten, nach Pegau verwiesenen Bracteaten mit Krückenkreuz, bei denen nicht die Umschrift deutlich für diese Zutheilung spricht, anderen Münzberechtigten an, die hin und wieder nach pegauer Typus prägten, namentlich den Markgrafen von Meissen und denen von der Lausitz. Die Vögte mochten sich auch hier arge Eingriffe erlauben. Während wir von Graf Dietrich von Rochlitz und Groitsch und dessen Bruder Konrad, Markgrafen von der Lausitz, ebenso wie von des letzteren Erben Dietrich dem Bedrängten von Meissen, welche drei die Vogtei über Pegau gegen den Willen des Abts Siegfried in Anspruch nahmen, Schriftbracteaten nach Art der pegauer kennen, existiren auch dergleichen von solchen, denen man eine nähere Beziehung zum Kloster nachzuweisen nicht im Stande ist, so von Friedrich II. Grafen von Brena (1203—1221) mit der Umschrift COOᴴS FRIDERICVS Dᴴ BRᴴDᴴD . OI (v. Posern, Nr. 1152, 1153 und Artikel „Brena", S. 34). Die Grafen von Brena hatten in Brena und Herzberg eine Münzstätte. Könnte Graf Friedrich II., mit dessen bekannten Bracteaten die letzten der beiden hier in Rede stehenden nicht ohne Aehnlichkeit sind, nicht etwa Anspruch auf diese haben? (vgl. v. Posern, Taf. XLI. Nr. 14). Ueberdies treffen wir auf Pfennigen dieses Grafen in dem einen Winkel des Kreuzes ganz die nämliche, mit einer Lilie verzierte Kugel, wie auf unserer Nr. 64.

Doch es ist dies eben nur eine Vermuthung. Vor der Hand müssen wir diese Münzen als unbestimmbare ansehen, da Anhaltspunkte für eine sichere Zutheilung fehlen, und uns mit Abbildung und Beschreibung begnügen.

Nr. 62. Ein geschlossenes, gerieftes Krückenkreuz, in dessen gespitzt parabolischen Enden je eine Kugel sich befindet, die auf ihrer Oberfläche von einem vertieften Kreise umzogen wird. In dreien seiner Winkel ein Punkt. Umher eine feine, von den Enden des Kreuzes durchbrochene Kreislinie und zwei Perlenränder.

Gr.: 27; Gew.: 0,85.   Erbstein'sche Sammlung.

Ein zweites, am Rande etwas beschädigtes Exemplar befindet sich in der Sammlung des Herrn Dannenberg. Beide sind von sprödem, nicht zu starkem Silberblech. — Die Kugeln in den Kreuzesenden erinnern an die auf Nr. 7 am Sessel angebrachten Knöpfe.

Nr. 63. Ein mit nur schwach erkennbaren Perlen besetztes Krückenkreuz wird von einem Kreise umschlossen, von welchem aus nach den Winkeln des Kreuzes durchbrochene Ausläufe sich wenden, die paarweise, sich gegenüberstehend, einmal in Kugeln, das andere Mal in lindenblattähnliche Spitzen enden. Der stark aufgetriebene Hochrand läuft in einzelnen Kreisen ab. Rand glatt.

Gr.: 33; Gew.: 0,85.   Im Besitze des Herrn Dannenberg.

Weiches Silber. — Gewisse Aehnlichkeit in der Darstellung zeigt auch der von v. Posern Nr. 946 (Taf. XXXVI. Nr. 11 und Götz, Beiträge, Nr. 7581) in die Zeit Bischof Eccard's von Merseburg (1215—40) verlegte Bracteat.

Nr. 64. In den Winkeln eines Kreuzes, das nicht völlig die Krückenform hat, oben ein etwas undeutlicher Kopf, rechts ein achtstrahliger Stern, links ein Kreuz, unten eine mit einer Lilie versehene Kugel (Reichsapfel). Umher ein Kreis und der glatte Hochrand. Letzterer sowohl, als das Kreuz treten stark hervor.

(Gew.: 0,485.)   Im Besitze des Herrn Dannenberg.

Dieses sicherlich beschnittene Stück ist von dünnem Silberblech. Vielleicht würde der Rand, wäre er vorhanden, durch eine Umschrift Aufschluss gebend gewesen sein, auf dem vorliegenden Reste der Münze ist jedoch nicht einmal eine Spur von Umschrift ersichtlich.

B. Abtei Helmstädt, Heribert I., Graf von Berg (1183—99). — Die Aebte von Werden und Helmstädt, denen bereits von K. Otto II. das Münzrecht ertheilt worden war, residirten zu Helmstädt und hatten daselbst in der früheren Zeit auch eine ihrer Münzofficinen. — Dass früherhin dieser Abtei zugehörige Bracteaten (Olearius, Isagoge, S. 36, Seeländer, zehn Schriften, S. 70, Mader, II. Versuch, S. 114 ff., Becker, 200 s. Münzen, S. 91. Nr. 174—180) fälschlich nach Heiligenstadt, wo niemals eine Abtei, sondern nur ein Collegiatstift Sancti Martini bestand, verlegt wurden, ist hinlänglich bekannt: es ist auf das Irrthümliche dieser Zutheilung bereits durch Leitzmann (Num. Ztg., 1834, Sp. 85 ff., 1835, Sp. 126, 1836, Sp. 169, 1855, Sp. 27 u. 75, u. a.) und v. Posern (Sachsens M. i. M., S. 117 u. 118) hingewiesen worden. — Ein helmstädter Denar aus dem 11. Jhdt. nach Art der von Magdeburg und Halberstadt geschlagenen wurde in Grote's Münzstudien, III. S. 471 publicirt, ein summarisches Verzeichniss der bis jetzt bekannten Bracteaten dieser Abtei in den Mémoires etc. de St. Pétersbourg, VI. S. 412—13 gegeben; auch werden einige der von Cappe nach Hildesheim verlegten Bracteaten (Nr. 32—34) in der Num. Ztg., 1855, Sp. 92 mit Wahrscheinlichkeit für Helmstädt beansprucht, mit Bestimmtheit möchten wir dies wenigstens hinsichtlich der bei Cappe, Taf. III. Nr. 32 abgebildeten Münze annehmen. — Mit dem Namen Heribert kennen wir schon eine ziemliche Anzahl von Bracteaten, welche in Folge ihres zierlichen Stempelschnitts zwar sämmtlich eher der Zeit des ersten, als der des zweiten Abtes dieses Namens anzugehören scheinen, von denen aber einige möglicher Weise auch aus den ersten Jahren Heribert's II. (1199—1230) herrühren können; denn der aus dem Saalsdorfer Münzfunde bekannte Schriftbracteat Heribert's II., welcher allerdings von den obengedachten wesentlich abweicht, stammt ja nicht aus den ersten Jahren des 13. Jhdts. — Zwei verschiedene dieser Abtei zugehörige Münzen fanden sich in unserem Funde vor, unter ihnen eine von noch völlig unbekanntem Gepräge, die andere ähnlich schon bekannt.

Nr. 65. Im Portale eines vierthürmigen Kirchengebäudes, dessen hohe Seitenthürme Zinnen und dessen Mittelthürme mit Knöpfen versehene Kuppeln tragen, das mit der Mitra bedeckte Brustbild des Abtes (ohne Arme). Neben dem mit Perlen besetzten Portale zwei Ringel (runde Fenster des Ueberbaues). Die Seitenthürme sind fünfstöckig, die Mittelthürme dreistöckig. Zwischen 2 Perlenkreisen, von denen der innere von einem Cirkel begleitet ist, die unten beginnende, ziemlich flach geschnittene Umschrift: XGRIBGRTVS . DGI . GRATIA . ABBA +

Gr.: 29; Gew.: 0,81. Im Besitze des Herrn Dannenberg.

Dieser prachtvolle Bracteat, der als der schönste im Funde zu gelten hat, ist zwar schon mehrmals abgebildet, allein keine der vorhandenen bildlichen Darstellungen stimmt mit vorliegendem Originale genau überein; ob nur in Folge mangelhafter Zeichnung oder wirklich vorhandener Stempelverschiedenheiten vermögen wir nicht anzugeben, da wir die einzelnen Stücke im Originale nicht prüfen konnten. Am meisten entspricht unserem Exemplare die von Becker (200 selt. Münzen, Taf. VII. Nr. 180) gegebene Abbildung, welche fast nur in der Form des H abweicht, die wir ganz ähnlich, wie hier, auf dem von Cappe nach Hildesheim verwiesenen Bracteaten Heribert's (Taf. III. Nr. 32) wieder finden; dagegen hat das in der Num. Ztg., 1836, Taf. VII. Nr. 6 freilich sehr flüchtig abgebildete Stück die Umschrift: HEREBERTVS · DEI · GRATIA · ABBA. + während in der Beschreibung (Sp. 169) HerIbertus angegeben wird, und das in Bode's ält. Münzwesen Niedersachsens, Taf X. Nr. 4 ersichtliche die Umschrift: HGRIBGRTVS . DGI . GRATIA . ABBAS . Die Schönheit der Arbeit geht aber aus allen schon gegebenen Abbildungen nicht zur Genüge hervor und so haben wir es vorgezogen, die Münze in getreuer Zeichnung nochmals vorzuführen.

Nr. 66. Der auf einem mit Hundsköpfen und Löwenfüssen gezierten Faldistorium sitzende Abt im vollen Ornate hält mit der Rechten einen mit einem Fahnentuche versehenen Kreuzstab, mit der Linken den nach innen gekehrten Krummstab. Die Umschrift steht zwischen Perlenkreisen und beginnt oben: HERIBERTV .... GRATIA . AB ×

Gr.: 28. Königl. Cabinet zu Hannover.

Dieses Stück hat uns nicht im Originale vorgelegen; die Zeichnung desselben, nach welcher Fig. 66 ausgeführt ist, verdanken wir der Gefälligkeit des Herrn Dannenberg. — Leider war das Exemplar etwas beschädigt; doch ist das fehlende S. D€l. leicht zu ergänzen. Es hat unverkennbar Aehnlichkeit mit Nr. 65, und in der Vorstellung mit dem bei Becker, Taf. VI. Nr. 175 gegebenen Stück, auf welchem der Abt ein Kirchenmodell und eine Fahne hält. — Der Faldistorien[20]), die nach Art der Feldsessel sich zusammenlegen liessen und deren einem wir auf diesem Bracteaten begegnen, bedienten sich nur Erzbischöfe und Bischöfe, doch erhielten bisweilen auch Aebte und Aebtissinen vom Papste das Recht, derselben sich zu bedienen. Ob dies hier der Fall war, oder die Darstellung nur den Hildesheimer Münzen entlehnt ist, darüber können wir gegenwärtig nicht entscheiden.

C. Markgrafschaft Meissen, Dietrich der Bedrängte (1198—1220).

Nr. 67. Der auf einem Feldsessel sitzende Markgraf mit lockigem Haar, im Gewand, mit breitem (das Rüstwerk andeutendem) Perlengürtel, hält in der ausgestreckten Rechten einen kurzen Stab mit drei aus dem Knopfe entspringenden Spitzen, die mit Ringeln besetzt sind und über welchen drei zusammenhängende Bogen sich hinziehen, und in der ausgestreckten Linken eine Lilie, oberhalb welcher ein sechsstrahliger Stern. Unten, zu Seiten der geraden Füsse des Stuhles, zwei Kugeln. Umher ein Hochrand. Rand glatt.

Gr.: 39; Gew.: 0,86.

Nr. 79. Aehnlich der Nr. 67, nur hält der Markgraf in jeder Hand unter einem dreifachen Bogen einen mit drei in Kugeln endenden Spitzen versehenen Stengel (so, wie auf Nr. 67 in seiner Rechten). Der Stern im Felde zur Linken des Hauptes fehlt.

Gr.: 40; Gew.: 0,84.

Nr. 68. Der auf einem mit Knöpfen versehenen Stuhle sitzende Markgraf mit schlichtem, durch 3 Perlen markirtem Haare, im Gewande und Perlengürtel, hält in der ausgestreckten Rechten einen mit zwei Blättern versehenen Lilienstengel und in der Linken einen mit einer fünfblättrigen Rosette verzierten kurzen Kugelstab. Hochrand und glatter Rand.

Gr.: 39; Gew.: 1,14 und 1,04.

Das stark geknitterte Silberblech lässt auf den besprochenen Stücken das Bild nicht ganz deutlich erkennen. — Im Kataloge des Münzcabinets der Stadtbibliothek zu Leipzig, Nr. 6209 nach früherer Annahme unter Markgraf Heinrich dem Erlauchten.

Nr. 80. Aehnliche Vorstellung wie auf Nr. 68. Der Markgraf sitzt auf einem mit Knöpfen versehenen Sessel, dessen Füsse bogenförmig erscheinen und hält rechts einen Krenzstab, links einen kurzen Stab mit kelchartigem Aufsatze, über welchem ein mit einem Knopf versehener Ring schwebt. Der Hochrand zeigt innen Spuren von Perlen.

Im Besitze des Vereins f. Heimathskunde des Kurkreises zu Wittenberg.

---

[20]) Einen kostbaren romanischen Faltstuhl besitzt noch heut zu Tage das Stift Nonnberg in Salzburg. Er besteht aus roth bemaltem Holz und ist auf allen Flächen mit eingelegten, der romanischen Periode angehörenden Elfenbeinschnitzereien verziert. Die Obertheile der beweglichen Enden sind mit prachtvoll stylisirten Löwenköpfen aus Elfenbein, die unteren Theile mit Adlerklauen aus Bronze geschmückt. Die Seitentheile, zwischen welche das Sitzleder gespannt ist, sind gleichfalls mit Elfenbeinreliefs eingelegt und am oberen Rande mit 2 Drachen ausgestattet (s. Mittheilungen der k. k. Centralcommission, 1861. S. 103.).

Nr. 81. Der auf einem Bogen sitzende Markgraf mit schlichtem Haar wie vorher, in Rüstung und Gewand, hält rechts eine einer Sonnenrose ähnliche Blume mit zwei Blättern am Stengel, links eine ähnliche Blume, hinter welcher oben und zu den Seiten je 3 Blättchen hervorsehen (Blumenkreuz). Zur Rechten des Hauptes ein sechsstrahliger Stern, zur Linken eine von einem Kreise umschlossene Kugel. Der Hochrand ist mit Perlen besetzt und wird noch von 2 Kreisen umgeben. Das Bild tritt stark hervor.

Gr.: 39.

Theilweise dieselben Gepräge, wie die vorstehenden, brachte der im Jahre 1856 zu Obercarsdorf in der Nähe von Dippoldiswalde bei Dresden gemachte Fund zum Vorschein. Diesen ähnliche Stücke, von Seeländer (X Schriften) fälschlich „askanisch-brandenburgische" genannt, finden sich in Frank's Numoph. Wilh.-Ernest., VIII, als wahrscheinlich Heinrich dem Erlauchten von Meissen gehörig aufgeführt. — Unser Fund verweist die eben beschriebenen Pfennige und somit auch die Bestandtheile des Dippoldiswalder Fundes in den Anfang des 13. Jhdts. Ob alle diese Bracteaten Dietrich dem Bedrängten, oder ob sie theilweise auch meissnischen Nebenlinien und Vasallen angehören, ist nicht zu sagen; genug, dass wir berechtigt sind, sie in die Zeiten Dietrich's zu verlegen.

Nr. 82. Der in einer aus 3 Bogen gebildeten, oben mit 2 kleinen Kuppelthürmen besetzten Einfassung sitzende Markgraf mit schlichtem Haar, im Gewande, schultert rechts das Schwert und hält in der gesenkten Linken eine Lilie. Hochrand und glatter Rand.

Gr.: 37; Gew.: 0,92.

Auch dieser Bracteat gehört in die Zeit Markgraf Dietrich's des Bedrängten. Er fand sich zahlreich in dem Grossenhainer Funde. (Vgl. Num. Ztg., 1853, Sp. 168. Nr. 3.)

Nr. 83. In der Num. Ztg., 1863, Sp. 108, Nr. 11. wird aus unserem Funde noch ein Bracteat Dietrich dem Bedrängten zugewiesen und folgender Massen beschrieben: „Der Markgraf sitzt auf einem Bogen und hält in jeder Hand ein Ende des über ihm sich wölbenden Dreibogens." Auf der beigegebenen Tafel mit Abbildungen ist das Stück unter Nr. 11 dargestellt. Daselbst erscheint der Markgraf mit Perlenhaar, im Gewand und mit geharnischten Armen, der Hochrand mit starken Perlen besetzt. — Allem Anscheine nach dasselbe Gepräge erhielten wir, als der Stich der Nachtragstafel schon vollendet war, von Leipzig aus, doch etwas abgeschliffen, so dass das Bild in seinen Einzelheiten nicht völlig sich erkennen lässt. Nichts desto weniger sind die schlichten, wie gewöhnlich mit 3 Perlen markirten Haare deutlich sichtbar. Es ist dieser Pfennig kleiner, als die meissnischen Münzen (Gr.: 34); wir möchten ihn eher in das Saalthal, als nach Meissen verlegen.

D. Als vor der Hand unbestimmbare Münzen haben wir ferner zu betrachten:

Nr. 69. Ein auf einem mit zwei Thürmchen besetzten Bogen sitzender weltlicher Herr, mit langen, durch Perlen wellenförmig gestalteten Haaren, im Gewande, mit Perlengürtel, hält in der ausgestreckten Rechten einen doppelten Reichsapfel, worauf ein Knopf, und in der ebenfalls ausgestreckten Linken eine Lilie (Lilienscepter). Ueber dem Haupte 3 Kugeln und unter dem Bogen 2 Punkte. Umher ein durchbrochener Cirkel und der aus Kugeln gebildete Hochrand, um welchen wiederum ein flacher Kreis läuft. Gr.: 35.

Der Fabrik nach scheint sich dieser Bracteat den Münzen des Schmordaer Fundes (Thüringen) anzuschliessen (Num. Ztg., 1841, Sp. 115, Posern S. 147. Tf. XV. etc.); auch besteht Aehnlichkeit mit den in die Zeit Berthold's II. von Naumburg gehörenden Bracteaten (S. z. B. v. Posern, Taf. XXXV. Nr. 4.). — Die 3 Kugeln über dem Haupte gehören nicht zu dem geperlten Hochrande, sondern stehen unterhalb desselben, wenn auch ihn etwas berührend. Wahrscheinlich hat man dadurch eine Uebereinstimmung mit Kaiserbracteaten erzielen wollen, um allgemeinere Geltung für diese Sorte zu erreichen, wie denn überhaupt die ganze Vorstellung, Reichsapfel und Lilienscepter kaiserlichen Bracteaten entnommen ist. Cappe, K. M., II. Taf. XI. Nr. 94 bringt ein ähnliches Stück bei, das er unter Friedrich II. einreiht. Leitzmann (Num. Ztg., 1851. Sp. 30.) hält bei diesem Stücke die von Cappe angegebenen 3 Kugeln für zum Perlenkreis gehörend, doch ist selbige Münze wahrscheinlich auch ein Nachgepräge königlicher Münzen. —

Gleicher Fabrik mit vorstehendem Stücke ist:

Nr. 84. Ein auf einem Bogen sitzender, weltlicher Herr mit aus Kugeln gebildetem, langem Haar, im Gewand, hält rechts ein Lilienscepter, links einen mit aufgestecktem Knopf versehenen doppelten Reichsapfel. Auf seinem Schoosse liegt ein Schwert mit dem Wehrgehänge umwunden. Umher ein mit Perlen besetzter Hochrand, an den sich aussen und innen eine aus neben einander gestellten Quadraten gebildete Einfassung anschliesst.

Gr.: 35.

Ueber das quer gelegte Schwert haben wir bereits oben bei Nr. 28 gesprochen, wo auch weitere Beispiele für sein Erscheinen auf Münzen und Siegeln beigebracht wurden, denen wir hier noch anfügen das Siegel F. Pribislaw's L. v. Richenberg, 1249 (Fürst Hohenlohe's Sphr. Alb. L, Mecklenb. Blg. A.) — Wegen des um's Schwert gewundenen Wehrgehänges hatten wir vorliegendes Stück schon bei Nr. 16 anzuziehen. — Lilienscepter und Reichsapfel scheinen kaiserl. Münzen entlehnt zu sein.

Nr. 85. Ueber einem auf zwei Bogen ruhenden, ein dreithürmiges Gebäude überragenden, zwischen zwei Kuppelthürmen befindlichen Gesimse das Brustbild eines weltlichen Herrn mit schlichtem Haar, im Gewande, mit Schwert und fünfästigem Zweig. Der Hochrand ist mit Perlen besetzt und läuft in einzelnen Kreisen ab.

Gr.: 36. Im Besitze des Herrn Dannenberg; Erbstein'sche Sammlung.

Von glattem Silberblech. — Die Darstellung lässt die vogteiliche Eigenschaft des Münzherrn vermuthen und erinnert einigermassen an den von Seeländer Nr. 12 mitgetheilten Bracteaten, auf welchem der Markgraf mit Schwert und Fahne über einem, einen Thurm überragenden Gesimse erscheint. — Die Fabrik weist unser Stück eher nach Thüringen und Sachsen, als nach Meissen. Sollte es vielleicht den Vögten zu Weida zuzutheilen sein? Der eigenthümliche Zweig gemahnt lebhaft an die bis jetzt diesen Vögten zugeschriebenen Bracteaten und die selbigen entsprechenden zu Gera geschlagenen der quedlinburger Aebtissin Sophia von Brena (vgl. Posern, Taf. XVI und XVII.). Wir wagen nicht zu entscheiden.

Nr. 21. Ein Geharnischter in ganzer Figur, entblössten Hauptes, die Haare in Form von Perlen, mit umgeworfenem Mantel hält in der ausgestreckten Rechten das Schwert, im gebogenen linken Arme die lange Fahne mit herabhängendem, gegittertem und dreimal geschlitztem Fahnentuche. Im Felde zwischen Kopf und Schwert, sowie neben dem Fahnentuche ein sechsstrahliger Stern. Umher eine aus an einander gestellten Quadraten gebildete Einfassung, die beim Fahnentuche beginnt, durch die Füsse unterbrochen wird und oben beim Kopfe aufhört. Der Hochrand ist mit Perlen besetzt und läuft nach aussen in zwei Kreisen ab. Auf dem äussern Rande vier sechsstrahlige Sterne.

Gr.: 34. Im Besitze des Herrn Dannenberg.
Gew.: 0,68—0,87. (3 Exemplare.) Erbstein'sche Sammlung.

Das Bild ist ziemlich erhaben gearbeitet. — Die Sterne auf dem Rande erscheinen, da sie flach geschnitten sind, bei einem nicht ganz scharfen Exemplare als Kugeln. — Aehnlichkeit hat dieses Stück mit Bracteaten des Grafen Ulrich von Wettin (1187—1206), namentlich mit einem im königl. Cabinet zu Dresden befindlichen mit der Umschrift WODAL-RICVS (10), ferner mit dem entweder Dedo dem Fetten, Grafen von Rochlitz und Herrn von Groitsch (—1190) oder dessen ältestem Sohne Konrad (—1210) angehörenden Bracteaten mit ILEBO-RGENSISI (königl. Cabinet zu Dresden; Posern S. 44. Taf. XVIII. Nr. 14; Num. Ztg., 1864, S. 196. Nr. 7.)[21]). Wir möchten uns bei gegenwärtigem Pfennige für Wettin entscheiden und ihn dem Grafen Ulrich zutheilen. Wegen ihrer auf Nr. 20 unserer herzoglich sächsischen Bracteaten übergegangenen Darstellung haben wir vorliegende Münze auf der Kupfertafel neben ebengedachte gestellt, um die Vergleichung zu erleichtern. — Die aus kleinen Vierecken gebildete Einfassung, wie sie uns hier entgegentritt, findet sich auf Bracteaten verschiedener Münzherrn; so begegneten wir derselben schon bei Nr. 84, so sehen wir sie auf dem zu Leipzig geschlagenen Bracteaten Otto's des Reichen (Posern, Taf. XVIII. Nr. 16), namentlich auf thüringer Münzen, u. a. auch auf dem Bracteaten von Mühlhausen bei Posern, Tf. I. Nr. 3.

E. **Thüringen,** Landgraf Hermann (1192—1215).

Nr. 86. Der geharnischte Landgraf mit dem Löwenschilde und rückwärts flatternder, viermal geschlitzter Fahne, auf nach rechts galoppirendem Pferde. Unten eine Stadtmauer. Ueber dem Hintertheile des Pferdes ein einen Punkt umschliessendes Quadrat, das an den Ecken mit Kleeblättern geziert ist. Im Felde vertheilt sechs Punkte. Umschrift zwischen 2 Kreisen, neben dem Fahnentuche beginnend: HRNAN..VNIHALHANHCVS....

Gr.: 44; Gew.: 0,8. Erbstein'sche Sammlung.

Die verstümmelte Umschrift, die schwer zu lesen ist, weist in ihrem Anfange deutlich auf Hermann hin; in ihrem sichtbaren Schluss scheint Landgravius verborgen zu sein. Vorstehendes Gepräge ist vielleicht dasselbe, welches, wenn auch mit anderen Buchstaben in der Umschrift, in der Num. Ztg. 1844. Taf. II. abgebildet und auf Grund eines im Schilde wahrgenommenen Adlers Sp. 28, Nr. 8. als Münze Hermann's, die er als Pfalzgraf von Sachsen habe schlagen lassen, be-

---

[21]) In der Num. Ztg., a. a. O., wird auf Grund der Lesart Ileborgensis C (omes) die Münze für Dedo beansprucht und dem Conrad abgesprochen, da letzterer sich nicht comes, sondern marchio nannte. Posern liest, ebenso wie Götz, Gr. Cab. Nr. 3363, auf seinem Exemplare nur Ileborgensis und ergänzt dies durch Comes (S. 44); auf der Abbildung, welche ergiebt, dass der letzte Buchstabe undeutlich gewesen, erscheint eine dem Buchstaben C ähnliche Figur. Auf dem Originale aber steht ein I.

sprochen wird. Doch wird diese Zutheilung in derselben Zuschrift, Jahrg. 1861, mit Recht zurückgenommen und in der daselbst gegebenen Zusammenstellung der Münzen der Landgrafen von Thüringen auf Sp. 29 unter Nr. 63 bewusste Münze wieder aufgeführt und zwar unter Beibehaltung des Adlerschildes, aber mit etwas anders lautender Umschrift. — Der Fabrik nach schliessen sich die landgräflichen Münzen bekanntlich den in Mühlhausen geprägten Bracteaten an (vgl. Posern, Taf. I.). Die Münzstätte der Landgrafen war zu Eisenach. — Ueber die auf Mittelaltermünzen so oft erscheinenden incorrecten oder oft ganz entstellten Umschriften giebt Dr. Grote in seinen „Münzstudien" IV. I. S. 59. folg. eine sehr ansprechende Erklärung. Freilich ist es oft sehr schwer zu entscheiden, ob man ein sog. Mitgepräge oder ein Nachgepräge, zwischen denen dort unterschieden wird, vor sich hat.

F. Lobdaburg.

Nr. 87. In dem Portale eines auf kleinen Bogen ruhenden Thurmgebäudes der Ochsenkopf. Umher ein Cirkel, eine aus Strichen gebildete Einfassung und der Hochrand.

Gr.: 34; Gew.: 0,735.   Im Besitze des Herrn Dannenberg.

Da dieser nach gewöhnlicher Annahme von den Dynasten von Lobdaburg in Schleiz geprägte Bracteat in v. Posern's Werke Taf. XIV. Nr. 14 völlig getreu abgebildet ist, haben wir es unterlassen, eine Abbildung zu geben. — Bekannt ist, dass diese und ähnliche Gepräge mit einem stehenden Stiere anfänglich der Stadt Luckau in der Niederlausitz (Götz, Gr. Cab. S. 952.) zugetheilt wurden, dann bei Gelegenheit der Beschreibung des Schmordaer Fundes den Grafen von Gleichen (Num. Ztg., 1841, Sp. 116. Nr. 15—17 zu Taf. II.) und endlich durch v. Posern (S. 146 folg., 193 folg.) den Dynasten von Lobdaburg. Dass sie in's Saalthal gehören, dafür sprechen die Fundorte, an denen sie bisher zum Vorschein kamen; ob sie aber alle den Dynasten von Lobdaburg zugesprochen werden können, muss vor der Hand noch dahingestellt bleiben.

G. Königsmünzen. Otto IV. von Braunschweig.

Nr. 88. Der nach rechts springende gekrönte Löwe, dessen erhobener Schweif in eine Lilie endet. Unter der linken Vorderpranke ein Ringel. Umher ein Perlenkreis und die oben beginnende, flach geschnittene Umschrift: +MONETA DOMINI · REGIS · IN BRV um welche sich der mit Perlen besetzte Hochrand zieht.

Gr.: 27; Gew.: 0,79.   Erbstein'sche Sammlung.

Dieser zu Braunschweig vor 1209 geprägte Bracteat ist bereits abgebildet in Cappe's K. M., Bd. II. Taf. XII. Nr. 103 (mit MONETA), in Bode's Münzw. Niedersachsens, Taf. III. Nr. 6 und in Schönemann's vat. Münzkunde, Taf. A. Nr. 7 zu S. 12. In Folge seiner Umschrift kann er nur K. Otto IV. zugetheilt werden.

In den Anfang des 13. Jhdts. gehört auch folgender Bracteat, dessen Heimath in Thüringen zu suchen ist:

Nr. 89. Der auf einem mit Knöpfen versehenen Feldstuhl sitzende gekrönte König im Gewand, mit Perlengürtel, hält in den ausgestreckten Händen eine Lilie (Scepter) und einen mit einem Kreuz geschmückten doppelten Reichsapfel. Rechts neben dem Kopfe ein Ringel, der einen Punkt umschliesst. Umher der Hochrand. Gr.: 35.

Glattes Silberblech. — Dem vorstehenden ähnliche Pfennige fanden sich in Funden aus dem Saalthale, z. B. auch in dem mehrfach erwähnten Schmordaer Funde (Num. Ztg. 1841, Taf. 1. Nr. 3 und 4). Gegen Friedrich II., dem sie gewöhnlich zugetheilt werden, spricht unser Fund, dessen Gepräge vielleicht kurz nach 1212 aufhören. Unser Stück wird entweder Philipp oder Otto IV. zuzutheilen sein.

Zum Schlusse noch einige Worte über den Münzfuss, nach welchem die Bracteaten unseres Fundes ausgebracht worden sind. Es ist dieser zwar nur annähernd zu ermitteln, doch muss auch auf diesen Punkt eingegangen werden. Ueberblicken wir die Gewichtsangaben zunächst sämmtlicher Sorten des Fundes, so finden wir eine grosse Verschiedenheit, indem einzelne Gepräge bis auf 0,51 hinabgehen, andere dagegen bis auf 1,14 hinaufsteigen. Es kann jedoch dieses Schwanken deshalb nicht auffallen, weil unser Fund einestheils Gepräge verschiedener Gegenden enthält, anderntheils gerade einer Periode angehört, in welcher die Verringerung der Münze schon mit sehr raschen Schritten vorwärts ging. Nehmen wir nun aber Stücke gleichartigen Gepräges zur Hand, so sehen wir, dass diese im Gewichte höchstens um 0,3 von einander abweichen und in den meisten Fällen zwischen 0,6 und 0,9 sich halten. Doch kann das Gewicht weder eines einzelnen, noch auch einiger weniger Bracteaten für die Frage entscheidend sein, wie vieler Pfennige es bedurfte, eine Mark aufzuwiegen, da eine genaue Uebereinstimmung der einzelnen Stücke bez. des Gewichts, wie aus obigen Angaben zur Genüge bereits hervorgeht, in einer Zeit nicht erwartet werden darf, wo man in der Stückelung des Metalles noch wenig bewandert war und so genaue Wägungen, wie wir sie heut zu Tage vornehmen, nicht stattfinden konnten, es vielmehr nur darauf ankam, eine gewisse Zahl von Pfennigen aus der Mark zu gewinnen, d. h. eine Mark Silber in eine bestimmte Anzahl von ungefähr gleichen Stücken zu zertheilen. Dieses bei zunehmender Entwerthung der Münze sich fortwährend ändernde Verhältniss nun aber im speciellen Falle ausfindig zu machen, dazu bedarf es grosser Partieen von Pfennigen gleichen Schlages. Solche führten denn bei vorliegendem Funde auf ein Durchschnittsgewicht von 0,74—0,75, so dass also von den meist vertretenen Sorten ungefähr 20 Stück auf ein kölner Loth gehen. Zu diesem Resultate gelangten wir auch bei dem allen Anscheine nach als eine der letzten Münzen Herzog Bernhard's zu betrachtenden Löwenpfennig (Nr. 3), bei dem sich als Durchschnittsgewicht von 34 Exemplaren 0,746 ergab. Bei einer Schwere von durchschnittlich 0,75 Gramm würde nun die Mark (233,855 Gramm) zu 312 Stücken (234 Gramm), bei einem solchen von 0,74 zu 316 Stücken (233,84 Gramm), also etwa zu 1¹/₃ libra denariorum (320 Stücken) ausgebracht worden sein, — ein Verhältniss, auf welches ungefähr andere aus jener Zeit in grösserer Menge auf uns gekommene Münzen ebenfalls hinführen.

Nachweis

der Seiten, auf welchen die einzelnen Nummern sich besprochen finden.

Nummer	Seite	Nummer	Seite	Nummer	Seite
1, 2*	5	31, 32	46	61	59
3	12	33, 34	47	62, 63, 64	61
4	17	35, 36	48	65, 66	62
5	18	37	49	67, 68	63
6	20	38, 39	50	69	64
7	21	40, 41, 42*	53	70	10
8, 9	22	43		71	18
10, 11	23	44		72	32
12	24	45, 46*, 47	54	73*	33
13	26	48		74	37
14	30	49, 50	55	75	45
15, 16	31	51		76*	55
17	33	52, 53, 54*	56	77, 78	57
18	34	55		79*, 80*	63
19, 20	35	56, 57*	57	81, 82, 83*	64
21	65	58, 59*, 60	58	84, 85	65
22, 23*, 24	36			86, 87*	66
25	37			88*, 89	67
26, 27	38				
28	39				
29, 30	41				

Die mit * bezeichneten Nummern wurden nicht abgebildet.

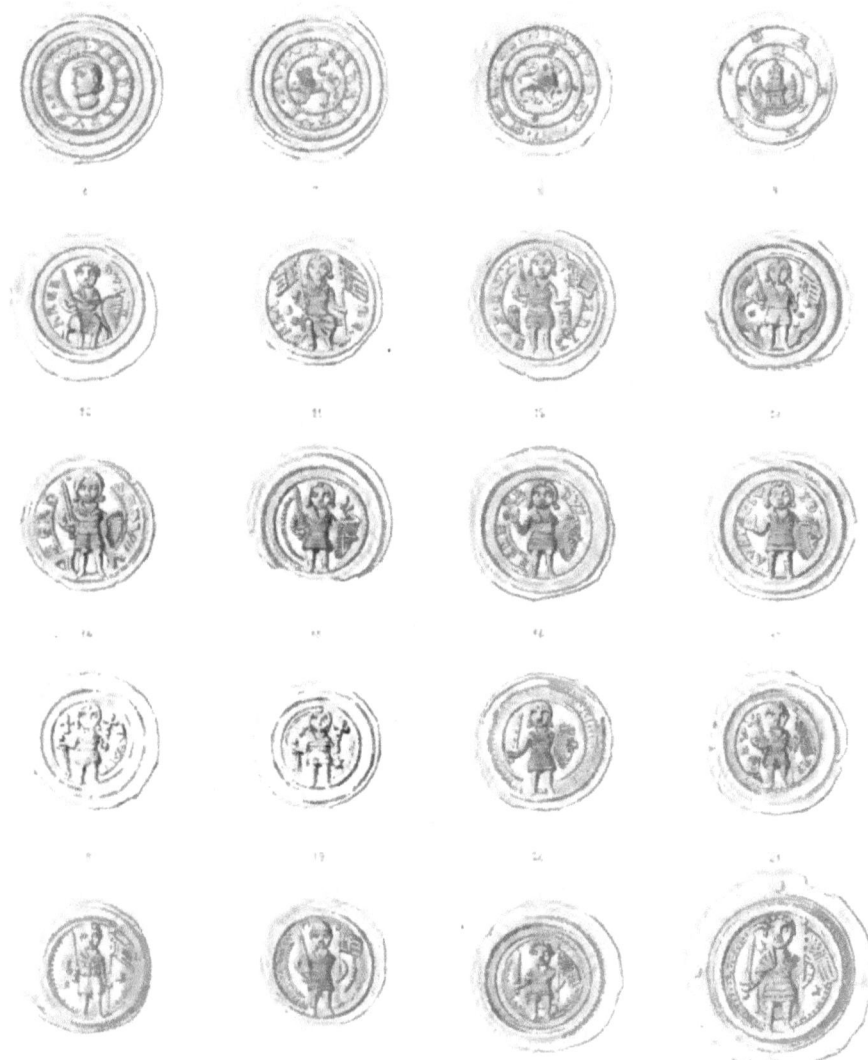